Sai che esiste un esame di lingua giapponese riconosciuto in tutto il mondo?

Si chiama JLPT.

Ti spiego tutto (anche come superarlo) su:

www.tivadigiappare.com

DAVIDE MOSCATO

TI VA DI GIAPPARE?

ESERCIZIARIO 2

Esercizi, capitolo secondo. Siete pronti o pronti?

はじめに
PER INIZIARE

Attenzione: sono necessari Giappare 2 e Kanjare 2 per apprezzare questo volume!

QUANTO TEMPO.

Ohh, in effetti mi sei mancato. Eccoci di nuovo con l'**ESERCIZIARIO 2**, un super volume su cui puoi esercitarti e metterti in gioco. Insomma, un bel **check**.

La tua avventura giapponese sta proseguendo senza dubbio nel migliore dei modi con **TI VA DI GIAPPARE? 2** e di **TI VA DI KANJARE? 2**. Hai approfondito la grammatica e i kanji di livello due e ora sei pronto a mettere in pratica tutte questa zuppa di conoscenza.

Le 13 succosissime lezioni di **TI VA DI GIAPPARE? 2** e gli oltre 180 kanji di **TI VA DI KANJARE? 2** ora sono qui, a tua disposizione, trasformati in quiz ed esercizi. Stiamo parlando di più di 800 domande, una più smart, intrigante e stimolante dell'altra. Brividi.

Le domande chiaramente seguono il bel percorso *grammaticoso* che hai già affrontato sul manuale di **TI VA DI GIAPPARE? 2** e il percorso *kanjoso* vissuto su **TI VA DI KANJARE? 2.** Sì, ti sembrerà tutto così familiare.

Ci siamo, ordunque. Fai la punta alla matita, che si parte.

Davide

L'ansia da prestazione c'è sempre. Andiamo.

COME USARE QUESTO ESERCIZIARIO

Siamo elettrizzati, siamo pulsanti, siamo esplosivi. E allora via, si parte in questa nuovissima avventura numero due, tutta fatta di esercizi e quiz. Ovviamente, come da tradizione qui in casa TVDG, anche l'<u>**ESERCIZIARIO 2**</u> è iper semplice da usare, è adatto a tutti ed è perfetto per gli autodidatti. Ehi, avevi dubbi?

Si divide in <u>13 capitoli</u>, proprio come il secondo manuale di **TI VA DI GIAPPARE?**, e in ognuna di queste lezioni ci sono esercizi dedicati ad un tema specifico. Meglio di così, non si può.

Se per esempio la **LEZIONE 28** di **TI VA DI GIAPPARE? 2** tratta della FAMIGLIA, ecco che anche qui nell'<u>**ESERCIZIARIO 2**</u> troverai la **LEZIONE 28: LA FAMIGLIA**, con una marea di esercizi e quiz specifici solo su questo tema. Pulito e cristallino.

In fondo all'<u>**ESERCIZIARIO 2**</u> c'è persino la sezione specifica dedicata solo ai kanji, in cui ti potrai mettere in gioco ed esercitarti con gli ideogrammi imparati su **TI VA DI KANJARE? 2.** Ora guarda qui sotto: anche su questo <u>**volume**</u> troverai centinaia di domande, e ognuna ti offrirà 4 possibilità di risposta.

A) 1 2 ③ 4
B) ① 2 3 4
C) 1 2 ③ 4
D) 1 2 3 ④
E) ① 2 3 4
F) 1 ② 3 4
G) ① 2 3 4

Tu dovrai cerchiare la risposta corretta tra le 4 opzioni disponibili, al resto pensiamo noi.

Alla fine dell'<u>**ESERCIZIARIO 2**</u> trovi la sezione con le **SOLUZIONI** a tutti i quiz, così puoi verificare subito le tue risposte. Ok, la ramanzina l'ho fatta. Possiamo partire.

C'era davvero bisogno di sta pagina? Sì.

Buongiorno,
mondo.

目次
INDICE

Che valanga
di quiz che ci
aspetta,
signori.
日本

LEZIONE 18
LA FORMA IN -MASU

Fantastico e super chiaro!
Luca P.

ESERCIZIO 1

Eccoci. Pronti, caldi e fragranti. Ma ora basta parlare di me. Trasforma i seguenti verbi in forma cortese.

A) たべる

1. たべります **2.** たべます **3.** たます **4.** たべす

B) いれる

1. れます **2.** います **3.** いれります **4.** いれます

C) みる

1. みみます **2.** ます **3.** みます **4.** みります

D) やすむ

1. やすみます **2.** やすみ **3.** やます **4.** やすむす

E) かす

1. かしす **2.** かります **3.** かします **4.** かます

F) いそぐ

1. いそぎます **2.** いそぎ **3.** ぎます **4.** いそります

G) あそぶ

1. あそぶます **2.** あそます **3.** あそび **4.** あそびます

ESERCIZIO 2

Strizza, eh? Mannò, mannò. Matita in posizione. Trasforma i seguenti verbi in forma piana (però con delicatezza, eh).

A) します

1. しむ **2.** しす **3.** しる **4.** する

B) ききます

1. きく **2.** きる **3.** きき **4.** かく

C) かえります

1. かる **2.** かえりす **3.** かえる **4.** かえす

D) かいます

1. かいす **2.** かう **3.** かい **4.** あいく

E) かきます

1. かる **2.** かす **3.** きく **4.** かく

F) あいます

1. あい **2.** あう **3.** おう **4.** あお

G) はなします

1. はな **2.** はす **3.** はなす **4.** はなる

ESERCIZIO 3

Prova a tradurre le seguenti coniugazioni verbali e cerchia la risposta corretta. No, non puoi chiedere sul gruppo Telegram.

A) Non mangio

1. 食ません **2.** 食べせん **3.** 食べました **4.** 食べません

B) Ho bevuto

1. 飲みました **2.** 飲ました **3.** 飲った **4.** 飲むました

C) Non ho guardato

1. 見ない **2.** 見ませんでした **3.** 見ました **4.** 見ないでした

D) Sono tornato

1. 帰らない **2.** 帰ません **3.** 帰るでした **4.** 帰りました

E) Non scrivo

1. 書きません **2.** 書くません **3.** 書ません **4.** 書いた

F) Ho preparato

1. 作りますない **2.** 作ります **3.** 作りました **4.** 作りません

G) Non avevo studiato

1. 勉強しませんでした **2.** 勉強でした **3.** 勉強ない **4.** 勉強した

Bisogna padroneggiare sia forma piana sia forma cortese! Ci servono tutte e 2

ESERCIZIO 4

Cosa significano le seguenti coniugazioni? Cerchia la risposta corretta. Siamo con te.

A) 話しました

1. parlerò 2. ho parlato 3. parlo 4. non parlo

B) 死にません

1. non è morto 2. è morto 3. muore 4. non muore

C) 寝ます

1. dormo 2. dormivo 3. non dormo 4. non dormivo

D) 急ぎました

1. non mi sbrigo 2. mi sbrigo 3. mi sono sbrigato 4. cammino

E) 分かりませんでした

1. ho capito 2. non avevo capito 3. capisco 4. non capisco

F) 乗りました

1. non salgo 2. salirò 3. salgo 4. sono salito

G) 出ます

1. non esco 2. esco 3. sono uscito 4. entro

ESERCIZIO 5

Daje, fai un bel respiro e converti la parte sottolineata in forma piana. Cerchia la risposta corretta tra le 4 opzioni disponibili.

A) あのパスタは とても おいしかったです。

1. おいしかった **2.** おいしい **3.** おいしいだった **4.** おいしだった

B) いいえ、ぜんぜん 好きではありませんでした。

1. 好きだ **2.** 好きじゃない **3.** 好きじゃなかった **4.** 好き

C) 昨日、おそくまで 勉強しました。

1. 勉強しない **2.** 勉強だった **3.** 勉強だ **4.** 勉強した

D) はい、ドアを 開けますよ。

1. 開けないよ **2.** 開けるよ **3.** 開けたよ **4.** 開けらないよ

E) いいえ、ビールは 飲みません。

1. 飲まない **2.** 飲まい **3.** 飲ない **4.** 飲んだ

F) あの人は 日本人です。

1. 日本人じゃない **2.** 日本人した **3.** 日本だった **4.** 日本人だ

G) 朝ごはんのあと、はを みがきます。

1. みがくだ **2.** みがくです **3.** みがく **4.** みがかない

Consiglio! La prossima volta che devi fare una ricerca su Google, prova a farla in giapponese!

ESERCIZIO 6

Come si leggono i kanji sottolineati? Cerchia la risposta corretta e tante belle 'ose.

A) 入れます

1. で **2.** ひ **3.** い **4.** は

B) 寝ました

1. め **2.** ねる **3.** ねま **4.** ね

C) 分かります

1. わ **2.** わか **3.** か **4.** かわ

D) 歌いませんでした

1. う **2.** うた **3.** たう **4.** うたう

E) 来ません

1. け **2.** か **3.** く **4.** き

F) 飲みました

1. の **2.** も **3.** み **4.** に

G) 死にます

1. じ **2.** しぬ **3.** し **4.** しに

ESERCIZIO 7

Panico. Risolvi il cruciverba usando kanji e hiragana.

1 出	2		3 た	■	4 食
5	ち	■	り	■	
6		■	7	8	
■	9	10	■	11 る	
12 来	ん		13 行	■	っ
	■	■	14		た

ORIZZONTALI

1. il verbo 出た in forma cortese
5. ナチ
6. 今
7. ルスナ
9. せまくない in forma affermativa
11. Luca
12. 来, N, E, 行
14. 帰りました in forma piana

VERTICALI

1. 出ません, in piana
2. Non aspetto, in forma cortese
3. Essere sufficiente
4. Non ho mangiato, in piana
8. します in piana
10. 前
12. 来ます in piana
13. 行 e 帰

LEZIONE 19
GLI AVVERBI

Grazie mille 先生, con te sto imparando davvero in fretta
Nice Games

ESERCIZIO 1

Cosa significano le parole sottolineate? Esatto, amico mio: cerchia la risposta corretta tra le quattro opzioni disponibili.

A) 彼は ゆっくり歩きます

1. un po'   2. sicuramente   3. velocemente   4. lentamente

B) 彼女は とても上手です

1. poco   2. molto   3. completamente   4. già

C) すしは ちょっと好きです

1. per niente   2. da tanto   3. un po'   4. molto

D) 君は もう食べましたか?

1. bene   2. spesso   3. molto   4. già

E) 車が たくさんあります

1. troppe   2. tante   3. poche   4. un po'

F) たかしさんは きっと来ます

1. molto   2. di sicuro   3. bene   4. veloce

G) 私はデパートに よく行きます

1. molto   2. tanti   3. spesso   4. poco

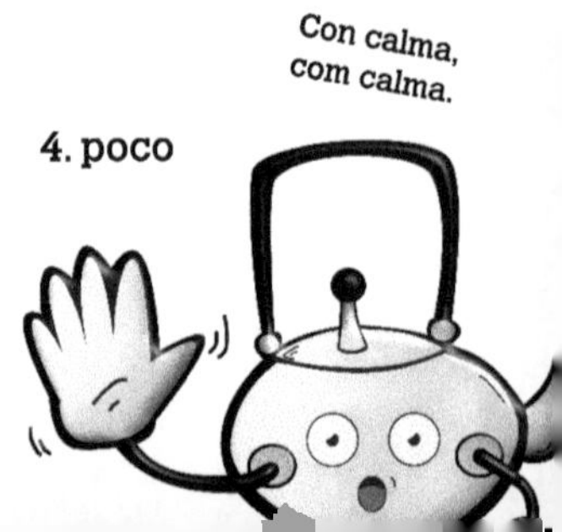

ESERCIZIO 2

Come si leggono i kanji sottolineati? Con grazia ed eleganza, cerchia la risposta corretta. Ci vediamo dopo.

A) 是非、来てくださいね

1. かならず **2.** きっと **3.** ひぜい **4.** ぜひ

B) ううん、全然好きじゃない

1. ぜん **2.** ぜんぜん **3.** けっこう **4.** ざんざん

C) 結構です。どうも ありがとう

1. けっこう **2.** けこ **3.** かっこう **4.** かこう

D) 日本人が大勢います

1. ざいおう **2.** おおい **3.** おおぜい **4.** おざい

E) 本当に いいです

1. とうほんに **2.** ほんとに **3.** おんとに **4.** ほんとうに

F) 親切に なりました

1. しんせつに **2.** つんに **3.** しつに **4.** しんつに

G) 早く 行ってください

1. はく **2.** はやく **3.** やく **4.** よく

Con gli avverbi possiamo dare colore e spessore alle nostre frasi. Sono essenziali

ESERCIZIO 3

Trasforma i seguenti aggettivi in avverbi, senza passare dal via. Cerchia la risposta corretta e ricordati di santificare le feste.

A) はやい

1. はやに　**2.** はやさ　**3.** はやく　**4.** はやい

B) しずかな

1. しずかに　**2.** しずかな　**3.** しずかさ　**4.** しずかく

C) おおきい

1. おおき　**2.** おおきく　**3.** おおきに　**4.** おおきみ

D) げんきな

1. げんきい　**2.** げんきな　**3.** げんきに　**4.** げんきく

E) すごい

1. すご　**2.** すごいく　**3.** すごに　**4.** すごく

F) おそい

1. おそく　**2.** おそに　**3.** おそいく　**4.** おそくに

G) じょうずな

1. じょうずね　**2.** じょうず　**3.** じょうずし　**4.** じょうずに

Aggettivi in い o aggettivi in な. Questo è il dilemma.

ESERCIZIO 4

Trasforma i seguenti avverbi in aggettivi. Cerchia la risposta corretta. Prendo il caffè.

A) きれいに

1. きれく **2.** きれい **3.** きれいの **4.** きれいな

B) よく

1. よな **2.** いく **3.** いい **4.** くよ

C) たしかに

1. たしかな **2.** たしかの **3.** たしかに **4.** たしか

D) ぜったいに

1. ぜったい **2.** ぜったいな **3.** ぜったいく **4.** ぜったく

E) おもしろく

1. おもしろな **2.** おもしろに **3.** おもしろ **4.** おもしろい

F) かんたんに

1. かんたん **2.** かんた **3.** かんたんな **4.** かんたんな

G) あおく

1. あおい **2.** あおに **3.** あおな **4.** あおいな

Paroline simpatiche, utili e... basta.

ESERCIZIO 5

Ma salve. Come si traducono le parole sottolineate? Cerchia la risposta corretta, e tanti saluti.

A) ちょっとだけ 話します

1. molto 2. un po' 3. dopo 4. solo

B) もう 読みましたか?

1. spesso 2. ancora 3. poco 4. già

C) はい、よく やりますよ

1. spesso 2. in anticipo 3. più 4. sempre

D) まったく 忘れてしまいました

1. distrattamente 2. lentamente 3. più 4. completamente

E) ゆっくり 言ってくださいね

1. lentamente 2. dopo 3. prima 4. bene

F) たくさん 食べてしまいました

1. spesso 2. sempre 3. poco 4. molto

G) お店の前に 日本人が 大勢います

1. stranamente 2. rapidamente 3. molti 4. pochi

Consiglio! Quando impari una parola nuova, prova a creare almeno tre frasi che la contengano!

ESERCIZIO 6

**Mi dici un po' come si traducono queste frasi?
Cerchia la risposta corretta, prepotentemente.**

A) 結構 です

1. ne voglio ancora 2. no, grazie 3. ci vediamo 4. mai più

B) 全然 よくないです

1. sono troppi 2. non ho fame 3. è ok 4. non va proprio bene

C) もう 九時ですよ

1. sono già le nove 2. sono solo le nove 3. sono le nove 4. non alle nove

D) とても 上手です

1. è poco bravo 2. lo fa spesso 3. non è bravo 4. è molto bravo

E) きっと 入ります

1. entrerà piano 2. entrerà di certo 3. forse arriverà 4. ne metto un po'

F) 是非 食べてくださいね

1. mangia meno 2. mangia assolutamente 3. mangia piano 4. mangia

G) よく 使います

1. lo uso 2. non lo uso per niente 3. lo uso spesso 4. lo uso poco

ESERCIZIO 7

Risolvi il cruciverba utilizzando solamente il sillabario ひらがな.

1	っ		2	■	3
ず	■	■	っ	■	
■	4	5		6	
■	7			お	■
8			■	9	
■		■	10		■

ORIZZONTALI

1. Lentamente
4 SHI-HI-PA-O-I
7. ズクニオ
8. L'avverbio di たかい
9. Assolutamente
10. L'aggettivo che deriva da よく

VERTICALI

1. ユズ
2. In modo maestoso
3. L'aggettivo che deriva da まずく
4. Tranquillamente
5. In modo basso
6. Tanta gente

LEZIONE 20
IL VERBO ESSERE

Sempre molto utile, mi trasmetti la voglia di studiare
Anto Coia

ESERCIZIO 1

Yes, ce l'ho proprio con te. Cosa significano queste frasi? Cerchia la risposta corretta tra le quattro opzioni. Presto, presto.

A) 車だった

1. Sarebbe un'auto 2. è un'auto 3. era un'auto 4. non è un'auto

B) 水じゃない

1. non è acqua 2. era acqua 3. è acqua 4. sarà acqua

C) 月でした

1. sarà la luna 2. è la luna 3. non era la luna 4. era la luna

D) インド人である

1. era indiano 2. è indiano 3. non è indiano 4. se fosse indiano

E) 犬ではありませんでした

1. è un cane 2. era un cane 3. è un cane 4. non era un cane

F) 本だ

1. è un libro 2. era un libro 3. sarebbe un libro 4. non è un libro

G) 学校ではない

1. è la scuola 2. non è la scuola 3. era la scuola 4. non era la scuola

Consiglio! Puoi allenarti a dialogare da solo interpretando due personaggi che discutono!

ESERCIZIO 2

Ti scacazzi, eh? Orsù, tieniti pronto a convertire queste frasi in forma piana. Partenza.

A) シャツですね

1. シャツだよ **2.** シャツじゃないね **3.** シャツです **4.** シャツだね

B) 日本人じゃありませんよ

1. 日本人よ **2.** 日本人であるよ **3.** 日本人じゃないよ **4.** 日本人だよ

C) コーヒーだけでした

1. コーヒだけだった **2.** コーヒだけだ **3.** コーヒだけ **4.** コーヒーだった

D) おいしくないです

1. おいしくないだ **2.** おいしいない **3.** おいしくない **4.** おいしいじゃない

E) 駅ではありませんでした

1. 駅じゃない **2.** 駅だったです **3.** 駅ではない **4.** 駅ではなかった

F) リンゴですよね

1. リンゴだよ **2.** リンゴよね **3.** リンゴないよね **4.** リンゴじゃない

G) メニューであります

1. メニューである **2.** メニューでは **3.** メニューで **4.** メニューだった

ESERCIZIO 3

Embè? Come butta? Comunque sia, come si traducono queste frasi? Cerchia la risposta corretta.

A) 行くしかない

1. non vado 2. non resta che andare 3. andrò 4. non vai?

B) 行ってしまった

1. forse vado 2. ci andrei 3. ci andrò 4. ho finito per andarci

C) 行くから

1. se ci vado 2. siccome ci vado 3. ci andrei 4. da quando ci vado

D) 買うしかありません

1. compro 2. non compro 3. non resta che comprarlo 4. l'ho comprato

E) 買ってしまったから

1. siccome ho comprato 2. siccome non compro 3. se compro 4. comprerei

F) 買いませんから

1. non compro 2. dopo che compro 3. se compro 4. siccome non compro

G) 飲んでしまいません

1. se non bevo 2. ho bevuto 3. non ho bevuto 4. non finirò per bere

Troppi verbi.
Troppi.

Ricordiamoci sempre che DESU non è il verbo essere, ma lo rappresenta

ESERCIZIO 4

Domandazze infide. Qual è la forma cortese delle parole sottolineate? Cerchia la risposta corretta e via, fammi sognare.

A) お金ではない

1. ありません **2.** じゃった **3.** ではありません **4.** じゃない

B) 山だよね

1. だった **2.** です **3.** でした **4.** であります

C) 先生だったよ

1. だったです **2.** でした **3.** だ **4.** であります

D) テーブルだ

1. あります **2.** でした **3.** だった **4.** であります

E) 私が行った

1. 行くだった **2.** 行くでした **3.** 行きました **4.** 行ったです

F) 海じゃなかった

1. じゃありません **2.** じゃありませんでした **3.** でした **4.** ではない

G) 木じゃないね

1. ではない **2.** じゃありません **3.** ありません **4.** ですない

ESERCIZIO 5

Trova l'intruso. Tra le opzioni c'è una traduzione che non c'entra con le altre. Scovala e massacrala.

A) Non è

1. じゃない　2. だった　3. ではない　4. ではありません

B) Era

1. であった　2. だった　3. でした　4. ではない

C) È

1. である　2. です　3. じゃなかった　4. だ

D) Non era

1. だった　2. じゃなかった　3. ではなかった　4. じゃありませんでした

E) È così, no?

1. そうだね　2. そうだよ　3. そうね　4. そうですね

F) Non è

1. じゃありません　2. ではない　3. じゃない　4. である

G) È così!

1. そうじゃないよ　2. そうだよ　3. そうよ　4. そうですよ

Perché il verbo essere è così complessato in giapponese? Io, boh.

ESERCIZIO 6

Come si traducono le seguenti frasi? Non fate incazzare Matcha-chan, mi raccomando.

A) Non ci resta che piangere

1. 泣くかない **2.** 泣いてしまった **3.** 泣くしかない **4.** 泣いた

B) Non è rosso

1. 赤くない **2.** 赤いじゃない **3.** 赤くじゃない **4.** 赤いです

C) Non è un gatto

1. 猫では **2.** 猫いない **3.** 猫ない **4.** 猫じゃない

D) Ho finito per dormire

1. ねまった **2.** 寝てしまった **3.** ねてした **4.** ねしまった

E) È stato uno studente

1. 学生だ **2.** 学生でした **3.** 学生じゃった **4.** 学生だね

F) È stato divertente

1. 楽しかった **2.** 楽しい **3.** 楽しいかった **4.** 楽しくかった

G) Siccome è tranquillo

1. 静かしまった **2.** 静かしか **3.** 静かだから **4.** 静かから

ESERCIZIO 7

Uhh, ci siamo.. Risolvi il cruciverba usando solamente hiragana.

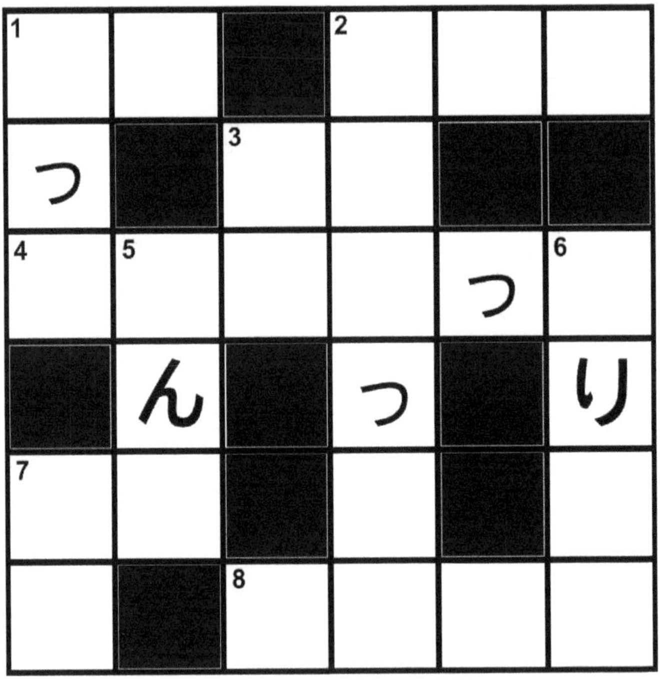

ORIZZONTALI

1. è! (esclamato)
2. だった in forma cortese
3. 何 al contrario
4. è stato divertente
7. il verbo essere due volte
8. non è (in forma piana)

VERTICALI

1. era (in forma piana)
2. dena-katta-ha
3. ovest
5. ho bevuto (in forma piana)
6. たりる al negativo
7. è, vero?

LEZIONE 21
POSSO? DEVO?

Davide sei veramente in gamba! Le tue lezioni sono davvero chiare e sei anche molto simpatico! Arigatou gozaimasu per tutto questo <3
Comprerò sicuramente il tuo libro!
Costantino C.

ESERCIZIO 1

Cosa significano queste espressioni? Non fare l'infame e cerchia la risposta corretta tra le quattro opzioni disponibili. Ciao.

A) いかないとダメ

1. non puoi andare   2. devo andare   3. sono andato   4. se vado

B) のんでもいい

1. devi bere   2. vietato bere   3. non bere   4. puoi bere

C) あるきすぎました

1. camminerò   2. ho camminato troppo   3. devi camminare   4. cammino

D) やってもいいですか

1. se non lo faccio?   2. l'hai fatto?   3. posso farlo?   4. devo farlo?

E) すわらないとダメです

1. devi sederti   2. ti siedi?   3. non mi siedo   4. se mi siedo

F) あけてもいいかな

1. non puoi aprire   2. devo aprire?   3. apri tu?   4. posso aprire?

G) たべすぎない

1. mangio troppo   2. non mangio troppo   3. non mangio   4. devo mangiare

Ricordiamoci sempre DAME, IKENAI e NARANAI voglio dire la stessa cosa, cioè "non va bene"

ESERCIZIO 2

Dai, una breve pausa e via, si parte. Traduci letteralmente le seguenti frasette, senza farti domande.

A) Se non guardo

1. 見なと **2.** 見ないと **3.** 見すぎる **4.** 見

B) Siccome non va bene

1. からダメ **2.** すぎるから **3.** いいから **4.** ダメだから

C) Anche se torno

1. 帰っても **2.** 帰ると **3.** 帰らないと **4.** 帰るも

D) Non va bene

1. すぎる **2.** いいじゃない **3.** ダメじゃない **4.** ダメです

E) Va bene?

1. いい? **2.** ダメ? **3.** ないと? **4.** すぎた?

F) Se non lo leggo

1. 読まなければ **2.** 読まないければ **3.** 読むダメ **4.** 読むと

G) Non va bene

1. いける **2.** いけない **3.** ダメじゃない **4.** ダメない

Dai dai dai che le coniugazioni verbali italiane sono più difficili.

ESERCIZIO 3

Coniuga i seguenti verbi nella costruzione "puoi farlo". Cerchia la risposta corretta, e buona sudata, cumpà.

A) 着る

1. 着ってもいい **2.** 着ればいい **3.** 着てもいい **4.** 着ると

B) 買う

1. 買うといい **2.** 買ってもいい **3.** 買ってしまう **4.** 買うと

C) 話す

1. 話してもいい **2.** 話もいい **3.** 話すもいい **4.** 話はいい

D) 寝る

1. 寝るもいい **2.** 寝してもいい **3.** 寝ってもいい **4.** 寝てもいい

E) する

1. してもダメ **2.** するといい **3.** しってもいい **4.** してもいい

F) 入れる

1. 入ってもいい **2.** 入れてもいい **3.** 入れってもいい **4.** 入るてもいい

G) 会う

1. 会ってもいい **2.** 会てもいい **3.** 会わないと **4.** 会っても

Ma quante strutture grammaticali sappiamo creare? Che figata

ESERCIZIO 4

Ahia. Coniuga questi verbi nella costruzione "devi farlo". Cerchia la risposta corretta. Brrr.

A) 帰る

1. 帰るとダメ **2.** 帰らないとダメ **3.** 帰ってもダメ **4.** 帰ってダメ

B) 泣く

1. 泣かないとダメ **2.** 泣くダメ **3.** 泣いてもいい **4.** 泣けばダメ

C) いる

1. いなと **2.** いると **3.** いれば **4.** いないと

D) 走る

1. 走らないとダメ **2.** 走ないとダメ **3.** 走るとダメ **4.** 走ったとダメ

E) おく

1. おくとダメ **2.** おいてもダメ **3.** おかないとダメ **4.** おっかないとダメ

F) 出る

1. 出ないいけない **2.** 出るいけない **3.** 出なければいけない **4.** 出るければ

G) 作る

1. 作らないと **2.** 作ると **3.** 作ないと **4.** 作るいけない

ESERCIZIO 5

Coniuga i seguenti verbi nella costruzione "fare troppo". Tira fuori la prepotenza e mostra a tutti la tua saggezza in merito.

A) 売る

1. 売りすぎる 2. 走りすぎる 3. 売すぎる 4. 走りぐしる

B) 起きる

1. 起すぎる 2. 起きてすぎる 3. 起きりすぎる 4. 起きすぎる

C) 勉強する

1. 勉強しすぎる 2. 勉強ぎる 3. 勉強するる 4. 勉強すぎる

D) 急ぐ

1. 急いですぎる 2. 急ぎすぎる 3. 急ぐる 4. すぎ急ぐ

E) なる

1. なってぎる 2. なすぎる 3. なっりすぎる 4. なりすぎる

F) 言う

1. 言えすぎる 2. 言わすぎる 3. 言いすぎる 4. 言うすぎる

G) 待つ

1. 待つぎる 2. 待ちすぎる 3. 待つすぎる 4. 待ちぎる

Consiglio! Allenati prendendo un verbo e coniugandolo in tutte le forme che ti vengono in mente!

ESERCIZIO 6

Come si traducono ste belle frasottole? Cerchia la risposta corretta senza indugi.

A) Ho dormito troppo

1. ねなければ 2. ねないと 3. ねてしまった 4. ねすぎた

B) Devi venire qui

1. こないとダメ 2. きてしまう 3. くるといい 4. きすぎない

C) Posso dirlo?

1. いわないとダメ 2. いってもいいかな 3. いった 4. いわないければ

D) Non scriverò troppo

1. かいてしまわない 2. かいていない 3. かきすぎない 4. かかない

E) Puoi raccontarlo

1. はなすはいい 2. はなさないと 3. はなしいい 4. はなしてもいい

F) Deve morire

1. しなないと 2. しないと 3. しぬと 4. しにませんと

G) Ha finito per morire

1. しなない 2. しんでしまった 3. しんだ 4. しにすぎた

ESERCIZIO 7

Risolvi il cruciverba utilizzando solamente il sillabario hiragana.

1	つ	2	■	■	3
	■	も	■	■	
4	5	■	6	7	
8			れ		■
9	い	■	10		■
■	11		■	12	

ORIZZONTALI

1. la forma て di まつ
4. NA-SHI
6. è Keri!
8. se non c'è
9. トイ
10. BA-E
11. 取ります in forma piana
12. va bene

VERTICALI

1. se non aspetto
2. si usa per esprimere "anche se"
3. non va bene!
5. equivale a しなければ
6. significa "se"
7. リバエイ

LEZIONE 22
ALTRE PARTICELLE

Grazie Davide sei il migliore! Anche a spiegare il giapponese grazie a te so il giapponese (anche se sono agli inizi) e io e la mia amica, grazie al tuo video, sapremo quando andare in Giappone

Miyu Edits

ESERCIZIO 1

Cosa significano le seguenti particelle? Cerchia la risposta corretta tra le opzioni disponibili. Però non ti infuriare, dai.

A) だけ

1. anche 2. niente 3. proprio 4. solo

B) と

1. con 2. anche 3. puah 4. circa

C) ぐらい

1. verso 2. circa 3. se 4. soltanto

D) も

1. eccetera 2. verso le 3. inoltre 4. anche

E) ごろ

1. verso le 2. inoltre 3. circa 4. mai

F) しか

1. anche 2. nient'altro che 3. poi 4. se

G) へ

1. solo 2. proprio 3. verso 4. circa

ESERCIZIO 2

Wè, wè. Non facciamo i furbi. Rispondi in modo corretto sennò faccio su un fumerone che vedi.

A) Nient'altro che

1. しか **2.** だけ **3.** ごろ **4.** ぐらい

B) Ahh...

1. を **2.** なに **3.** なんて **4.** なん

C) In

1. も **2.** に **3.** から **4.** とも

D) Soltanto

1. ので **2.** など **3.** けど **4.** だけ

E) Eccetera

1. でも **2.** ぐらい **3.** など **4.** ごろ

F) Proprio

1. こそ **2.** から **3.** けど **4.** かも

G) Con

1. しも **2.** もと **3.** と **4.** とも

Ma quanto mi diverto a registrare il **Podcast** di TVDG!

ESERCIZIO 3

Come si traducono le parole sottolineate? Esatto, hai indovinato: solo quelle con la linea. Su, su, su, cerchia la risposta corretta.

A) はい、お金なんて いいですね

1. proprio i soldi 2. solo i soldi 3. ahh, i soldi 4. anche i soldi

B) ねね。一月とか、いいかな?

1. a gennaio 2. forse gennaio 3. anche gennaio 4. tipo gennaio

C) 昨日、八時ごろ 起きました

1. verso le otto 2. alle otto 3. otto ore 4. circa otto ore

D) じつは、さしみしか 食べなかったけど

1. solo sashimi 2. nient'altro che sashimi 3. il sashimi 4. proprio il sashimi

E) お前は これだけ 飲んだの?

1. ahh, questo 2. con questo 3. proprio questo 4. solo questo

F) パーティには、3人ぐらい いました

1. circa tre 2. più di tre 3. meno di tre 4. con tre

G) うん! 明日こそ、旅行に行くよ

1. solo domani 2. non domani 3. proprio domani 4. forse domani

Ma le particelle avranno mai fine? Ebbasta.

ESERCIZIO 4

Come si traducono in giapponese le seguenti frasi? Cerchia la risposta corretta.Veramente.

A) E poi è bravo

1. 上手だし **2.** 上手だと **3.** 上手こそ **4.** 上手で

B) Cani, gatti eccetera

1. 犬とも猫とも **2.** 犬など猫や **3.** 犬と猫など **4.** 犬や猫など

C) Non ho mai bevuto

1. 飲むことがない **2.** 飲んだことがない **3.** 飲むことない **4.** 飲みない

D) Tutte e tre (le riviste)

1. も三冊と **2.** とも三冊 **3.** 三冊こそ **4.** 三冊とも

E) Non l'hai mai visto?

1.見ない? **2.** 見たことがない? **3.** 見ないの? **4.** 見ましたか

F) Circa 20 euro

1. 二十ユーロごろ **2.** 二十ユーロぐらい **3.** 二十ユーロ **4.** 二十だけ

G) Verso le nove e mezza

1. 九時半ごろ **2.** 九時半らぐ **3.** 九時ごろ **4.** 九時半には

Che trauma quando ho scoperto le combo di due o tre particelle...

ESERCIZIO 5

Come si esprimono i seguenti concetti? Fai una bella combo di particelle e via, ci si scatena. Ora cerchia la risposta corretta.

A) Anche a me

1. 私にで **2.** 私もで **3.** 私もに **4.** 私にも

B) Solo con la carta

1. 紙まで **2.** 紙だけど **3.** 紙だけで **4.** 紙でけど

C) Per quanto riguarda la birra eccetera

1. ビールには **2.** ビールとも **3.** ビールなどは **4.** ビールは

D) Puah, con l'autobus...

1. バスなんかで **2.** バスにで **3.** バスでか **4.** バスとか

E) Un libro per Mario

1. マリオの本 **2.** マリオへの本 **3.** マリオに本 **4.** マリオのに本

F) Anche a Roma

1. ローマでも **2.** ローマもで **3.** ローマもに **4.** ローマのに

G) Tipo Milano

1. ミラノとも **2.** ミラノかと **3.** ミラノか **4.** ミラノとか

Consiglio! *Quando guardi un film che ti annoia, prova a giocare a fare la traduzione simultanea!*

ESERCIZIO 6

Metti in ordine i 4 elementi per formare la frase. L'elemento che capita sul pallino dovrà essere cerchiato come risposta giusta.

A) _______ ●_______ _______ _______ あります

1. にも **2.** 行った **3.** ことが **4.** 日本

B) たかし _______ _______ _______ ●_______ 。

1. プレゼントを **2.** への **3.** しまいました **4.** わすれて

C) ●_______ _______ _______ _______ か**?**

1. も **2.** で **3.** いいです **4.** カード

D) _______ _______ ●_______ _______ います

1. 日本人 **2.** だけ **3.** ここ **4.** には

E) 明日、 _______ _______ ●_______

1. ね **2.** 七時 **3.** ごろ **4.** 会いましょう

F) _______ _______、 _______ ●_______ です

1. 三つ **2.** 私の **3.** もの **4.** とも

G) _______ ●_______ _______ _______ ?

1. てんぷら **2.** なんで **3.** しか **4.** 食べなかった

Questo tipo di quiz è quello che ci aiuta di più a strutturare le frasi.

ESERCIZIO 7

Vabbuò. Risolvi il cruciverba usando solo il sillabario hiragana.

1		2	■	■	3
ら	■	4	り	5	
6	7	■	■	8	
■	9	10		■	
11			■	12	
13				も	■

ORIZZONTALI

1. カリナ
4. DO-RI-TO-CHI
6. Bruciare senza る
8. Incendio
9. Particella per *"puah"*
11. Circa
12. エロ
13. tutte e due (le persone)

VERTICALI

1. Esprime "anche da"
2. Eccetera...
3. Verso le ore sette
5. Tipo...
7. エナラタ
10. N-I-RI
11. グフ
12. E-MO

LEZIONE 23
LE INFO EXTRA

E' fantastico quanto il progetto Ti va di giappare si esteso tra Yuotube, Twich ecc.
Francesco A.

ESERCIZIO 1

Traduci in italiano queste frasi. Cerchia la risposta corretta tra le quattro opzioni. Senza ansia, non c'è fretta.

A) 食べた魚

1. mangerò 2. il pesce che ho mangiato 3. mangio pesce 4. il pesce mangia

B) いた部屋

1. la stanza in cui ero 2. sono in stanza 3. la stanza che c'era 4. sono qui

C) 買う本

1. compro un libro 2. libri comprati 3. compro il libro 4. il libro che compro

D) りんごは売らない

1. la mela invenduta 2. mele non ne vendo 3. mele vendute 4. compro mele

E) 住んでいる家

1. sono a casa 2. la casa che compro 3. vivo in casa 4. la casa in cui vivo

F) 死んだ猫

1. il gatto assassino 2. il gatto muore 3. è morto il gatto 4. il gatto morto

G) 見るテレビ

1. la tv che ho visto 2. la tv che si guarda 3. guardo la tv 4. guarderò la tv

Consiglio! Ogni sera registra un audio dove racconti in giapponese cosa hai fatto durante il giorno!

Perché non bastavano le frasi normali. Pure relative.

ESERCIZIO 2

Traduci in giapponese queste frasi. Sono qui con te, non ti abbandono.

A) Le persone che sono in Giappone

1. 人にいる日本　**2.** 日本にいる人　**3.** 人が日本にいる　**4.** 日本人がいる

B) Il libro che ho letto ieri

1. 本を読んだ日　**2.** 昨日読む本　**3.** 昨日読んだ本　**4.** 本昨日読んだ

C) La carne che ho mangiato con te

1. 肉と食べた君　**2.** 君と食べた肉　**3.** 君と肉を食べる　**4.** 肉を食べた君

D) Il telefono che vorrei comprare domani

1. 電話を買う日　**2.** 明日買いたい　**3.** 電話買いたい明日　**4.** 明日買いたい電話

E) Il gatto che sta correndo qui

1. ここの猫　**2.** ここへ走っている猫　**3.** 猫が走っている　**4.** はやく走る猫

F) L'azienda in cui lavoro tutti i giorni

1. 日に働く会社　**2.** 働いていた会社　**3.** 働きたい会社　**4.** 毎日働いている会社

G) Il treno su cui è salito Mario

1. マリオも乗った電車　**2.** マリオが乗った電車　**3.** マリオが乗る　**4.** 電車に乗る

ESERCIZIO 3

Che cosa va inserito nello spazio per completare la frase? Cerchia la risposta corretta.

A) 日本で (________) すしは　とても　おいしかったです

1. たべ　**2.** たべて　**3.** たべました　**4.** たべた

B) 読まないと (________) 本は　これです

1. ダメだ　**2.** ダメ　**3.** ダメな　**4.** ダメに

C) さかなを (________) 猫は　なおみさんの猫ですか?

1. たべている　**2.** たべて　**3.** たべています　**4.** たべます

D) たんじょうびに (________) プレゼントは　ちょっと高いね

1. もらいたいです　**2.** もらいたいだ　**3.** もらいたいの　**4.** もらいたい

E) 私は (________) 人です

1. 日本語を勉強　**2.** 日本語の勉強　**3.** 日本語を勉強している　**4.** 日本語が

F) いいえ、(________) 人は　知りません

1. 日本に行ったことがない　**2.** 日本が　**3.** 日本な　**4.** 日本じゃない

G) ね、(________) ケーキも　おいしくない?

1. 母に作った　**2.** 母の作った　**3.** 母を作った　**4.** 母が

Qualche errore di grammatica scappa mentre parliamo... capita a tutti

ESERCIZIO 4

Qual è la frase relativa dentro queste frasone grandi? Cerchia la risposta corretta tra le quattro opzioni disponibili.

A) 猫じゃない動物は 好きじゃないです

1. 猫 **2.** 好きじゃない **3.** 猫じゃない **4.** 動物は

B) ポケットにある薬は 医者にもらった

1. ポケットにある **2.** ある薬は **3.** 医者にもらった **4.** もらった

C) 彼は、水だけ飲んでいる人です

1. 彼は **2.** 人 **3.** 人です **4.** 水だけ飲んでいる

D) ミラノに行く電車のチケットは いくら?

1. ミラノに行く **2.** ミラノに **3.** 行く **4.** に行く

E) 天気のいい日に 散歩をしています

1. 天気の **2.** 散歩を **3.** 天気のいい **4.** いい

F) 昨日、私は マリオが働いている会社に 行きました

1. マリオが **2.** 働いている **3.** 昨日、私は **4.** マリオが働いている

G) 彼は あの店で売っているリンゴを 買いません

1. あの店で **2.** 彼は **3.** あの店で売っている **4.** 買いません

ESERCIZIO 5

Come si traducono in giapponese queste frasi? Non puoi deludermi, non dopo tutto quello che abbiamo passato insieme.

A) Prima di salire sul treno

1. 電車に乗る前に　2. 電車に乗った前に　3. 電車に乗り前に　4. 電車へ前に

B) Non ci sono mai stato

1. いたことがある　2. いない　3. いることがない　4. いたことがない

C) Ho scritto troppo

1. すぎ書いた　2. 書きますぎた　3. 書くすぎた　4. 書きすぎた

D) Dopo aver dormito un po'

1. 少し寝たまえで　2. 少し寝たあとで　3. 少し寝るあとで　4. 少し寝すぎた

E) Ho finito per nuotare (e me ne sono pentito)

1. 泳いだことがない　2. 泳ぎすぎた　3. 泳いでしまった　4. 泳いだ

F) Dopo aver mangiato il pane

1. パンを食べあと　2. パンを食べで　3. パンを食べたで　4. パンを食べたあとで

G) Prima di leggere il libro

1. 本を読む前に　2. 本を読み前に　3. 本を読んだ前に　4. 本を読みます前に

Quanti bei giochini che si possono fare con i verbi, nè?

Guardando questi quiz, mi viene in mente il freddo invernale di Venezia quando ho affrontato il JLPT...

ESERCIZIO 6

Metti in ordine i 4 elementi per formare la frase. L'elemento che capita sul pallino dovrà essere cerchiato come risposta giusta.

A) ______ __●__ ______ ______ 見ました

1. ことが **2.** 映画を **3.** 見た **4.** ない

B) ねる ______ ______ ______ __●__ おもしろくない

1. よんでいる **2.** まえ **3.** に **4.** ほんは

C) わたしも __●__ ______ ______ ______。

1. 読みました **2.** 友達の **3.** まんがを **4.** 買った

D) ______ ______ __●__ ______ことは 本当じゃない

1. 日本に帰った **2.** が **3.** という **4.** なおみさん

E) ぼく ______ ______ __●__ ______ きれいです

1. の **2.** も **3.** まち **4.** すんでいる

F) ______ ______ ______ __●__ なんと いう?

1. 働いて **2.** 会社は **3.** いる **4.** マリオさんが

G) ______ __●__ ______ ______ どこ?

1. ミラノ **2.** バスは **3.** いく **4.** へ

ESERCIZIO 7

Risolvi il cruciverba utilizzando hiragana e kanji. Sì, puoi farlo.

1	に		2	3	4
が	■	■	5		が
6 出	7	の		■	
8		■		■	い
電	■	9	■	10	
11	が			街	

ORIZZONTALI

1. il libro che hanno dato a me
4. Noko (fa un'azione)
6. riguardo quello che esce
8. TA-NA
10. il kanji di *aprire* e il kanji di *negozio*
11. riguardo le città in cui non ci sono macchine

VERTICALI

1. il treno dal quale sono uscito io
2. il fiore di *Re*
3. polpo
4. riguardo il negozio in cui i libri sono belli
7. RU-NA
9. シナ
10. *aprire* e *città* in kanji

LEZIONE 24
I SUFFISSI ONORIFICI

Ma come fai a essere così bravo
Dario L.

Abbiamo fatto la punta alla えんぴつ?

ESERCIZIO 1

Descrivi in una parola i seguenti suffissi onorifici. Prima che scada lo yogurt, mi raccomando. Arrivederci.

A) さん

1. per bimbi 2. standard 3. per parenti 4. antico

B) ちゃん

1. da anziani 2. giovanile 3. per tutti 4. puccioso

C) どの

1. per gli amici 2. per i parenti 3. per bimbi 4. per samurai

D) し

1. da giornalisti 2. da bambini 3. per anziani 4. per gli amici

E) くん

1. per gli zii 2. super rispettoso 3. per i sottoposti 4. da samurai

F) さま

1. per neonati 2. per giovani 3. per bimbi 4. per clienti

G) Solo nome

1. dal medico 2. in famiglia 3. in ospedale 4. in ufficio

ESERCIZIO 2

Come si leggono queste parole? Stringi le meningi e dimostra il tuo valore, soldato.

A) 灰

1. へい **2.** いは **3.** いいえ **4.** はい

B) 先生

1. せいせん **2.** せんせい **3.** せんぱい **4.** こうはい

C) 様

1. さま **2.** どの **3.** まさ **4.** はいこう

D) 番組

1. ばんぐみ **2.** せんぱい **3.** てれび **4.** ぐみばん

E) 氏

1. さん **2.** どの **3.** じ **4.** し

F) 皿

1. さら **2.** ざら **3.** らさ **4.** らし

G) 先輩

1. ぜんぱい **2.** せんぱい **3.** こうあい **4.** こうはい

ESERCIZIO 3

Che parola va inserita nello spazio per completare la frase? Cerchia la risposta corretta tra le quattro opzioni disponibili.

A) かおりちゃんが 日本にいる (________) ことを 聞きました

1. の **2.** いう **3.** と **4.** という

B) (________) くんも 元気ですか?

1. かれ **2.** あなた **3.** マリオ **4.** さま

C) おきゃくさまが (________) しまいました

1. かえって **2.** かえり **3.** かえる **4.** かえります

D) いい友達 (________) フランチェスカちゃんも　行きました

1. さま **2.** くん **3.** が **4.** の

E) マリオ先輩 (________) 持っている物は 何?

1. が **2.** は **3.** へ **4.** と

F) たかしさんの 家に (________) ましょう!

1. いきま **2.** いく **3.** いか **4.** いき

G) たなか (________) は もっと上手です

1. いい **2.** も **3.** という **4.** くん

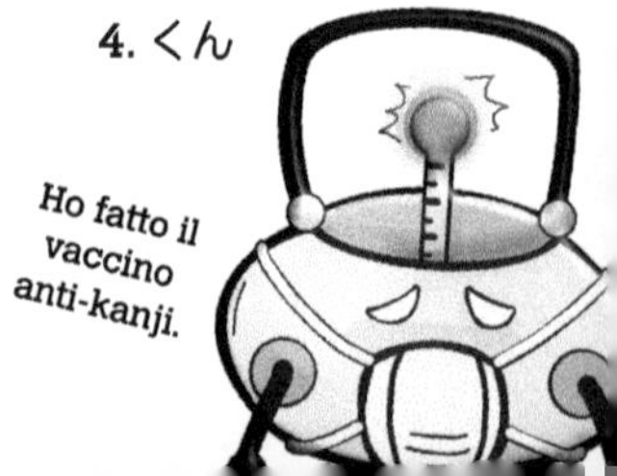

ESERCIZIO 4

Che suffisso useresti in queste occasioni? Fai il ruttino per digerire e cerchia la risposta corretta. Senza indugi.

A) Devi chiamare la figlia piccola del tuo vicino

1. どの 2. さま 3. ちゃん 4. し

B) Sei un medico e devi chiamare un paziente dell'ospedale

1. さま 2. ちゃん 3. くん 4. し

C) Sei un giornalista e devi scrivere a proposito di una persona

1. くん 2. し 3. ちゃん 4. どの

D) Sei il capo-cameriere e devi chiamare il tuo sottoposto

1. さま 2. し 3. ちゃん 4. くん

E) Devi chiamare il tuo vicino con cui hai poca confidenza

1. さま 2. さん 3. どの 4. し

F) Sei un cameriere e devi chiamare il cliente

1. くん 2. し 3. どの 4. さま

G) Sei una ragazza e devi chiamare il ragazzo che ti piace

1. し 2. ちゃん 3. くん 4. さま

ESERCIZIO 5

Come si traducono le parole sottolineate? Cerchia la risposta corretta tra le quattro opzioni disponibili. E vacci giù pesante.

A) あぶない！ 外には 行かないでね！

1. dentro 2. fuori 3. sopra 4. sotto

B) はい、右へ まがってくださいね

1. in alto 2. in basso 3. a sinistra 4. a destra

C) みんな、前へ 行きましょう！

1. avanti 2. indietro 3. in mezzo 4. fuori

D) いすの下に 何がありますか?

1. a sinistra 2. in mezzo 3. sotto 4. sopra

E) 彼は へやの中にいます

1. dietro 2. dentro 3. sotto 4. a fianco

F) 左手では できません

1. sinistra 2. destra 3. bassa 4. alta

G) 電話は テーブルの上に おきました

1. sopra 2. sotto 3. davanti 4. dietro

Consiglio! Imposta i social o il telefono in giapponese per fare una full immersion... e buona fortuna!

ESERCIZIO 6

Metti in ordine i 4 elementi per formare la frase. L'elemento che capita sul pallino dovrà essere cerchiato come risposta giusta.

A) ______ ______ ______ ______ か?

1. いません **2.** くん **3.** マリオ **4.** は

B) ______ ______ ______、 ______

1. さま **2.** お **3.** どうぞ! **4.** きゃく

C) ______ ______、 ______ ______ いる?

1. ちゃん **2.** ないて **3.** なんで **4.** なおみ

D) みんな、______ ______ ______ ______

1. さらを **2.** に **3.** いっしょ **4.** あらいましょう

E) たかしさん ______ ______ ______ ______

1. べんきょうする **2.** は **3.** いった **4.** と

F) ______ ______ ______ ______ 食べてしまった

1. ケーキを **2.** たなか **3.** の **4.** くん

G) ______ ______ ______ ______ いますか?

1. せんぱい **2.** も **3.** やまだ **4.** ここに

L'esame **JLPT** è composto anche da questi quiz.

ESERCIZIO 7

Risolvi il cruciverba utilizzando solamente il sillabario hiragana.

1	2	3 よ		4	
	5		6		
7		8	ん		9
10	11	い			
12			13		
14					

ORIZZONTALI

1. Vado (con esclamazione)
4. Suffisso per samurai
5. N-GA-TO-U
8. 先生
10. ンナイ
12. パパ
13. suffisso standard
14. I-E-RU-MA

VERTICALI

2. suffisso per maschietti
3. ヨガセイ
4. DO-U-SE
6. Tonnellata
7. Il contrario di こうはい
9. 家
11. NA-PA-E
13. Più di さん

LEZIONE 25
BUM, MIAO, SPLASH

Ti ringrazio sei una persona troppo buona purtroppo online ci sono poche persone serie che fanno lezioni sul giapponese io da grande ci vorrei andare a vivere e grazie alle tue lezioni potrei riuscirci.
Arigatou gozaimasu
Italgamer

ESERCIZIO 1

Cosa significano le seguenti onomatopee? Cerchia la risposta corretta tra le succose opzioni disponibili. Fammi vibrare.

A) グルグル

1. baubau 2. fissare 3. girare 4. piangere

B) ドカン

1. bum 2. splash 3. mumu 4. miaomiao

C) ワクワク

1. fissare 2. bagnato 3. emozione 4. liscezza

D) ニコニコ

1. falsità 2. paura 3. sorriso 4. angoscia

E) ペラペラ

1. parlare 2. piangere 3. capire 4. bisbigliare

F) モーモー

1. cipcip 2. miaomiao 3. baubau 4. muumuu

G) イライラ

1. nervoso 2. felice 3. sorriso 4. altezza

Ce ne sono davvero tante, e tutte simili. Accontentiamoci delle più importanti

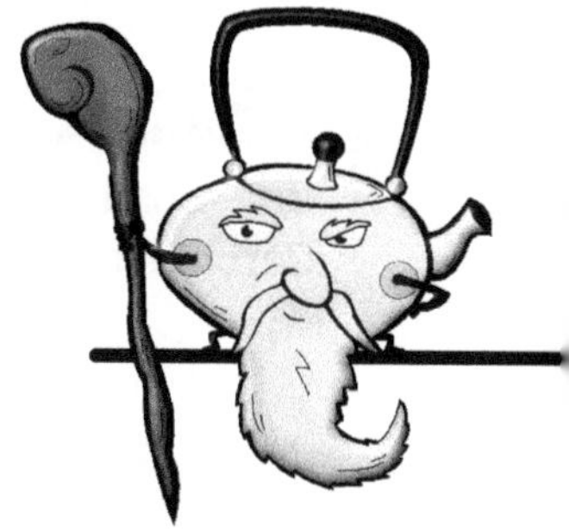

ESERCIZIO 2

Uhh, fantastico. Come si traducono queste frasettine ine ine? Fuori la matita, che si parte.

A) Ha detto miao

1. ニャン言った **2.** ワンと言った **3.** ニャンと言った **4.** ニャンと思った

B) Mi sono sorpreso

1. ビックリと言った **2.** キッパリした **3.** ビッカリした **4.** ビックリした

C) Ha scritto che è soffice

1. フワフワだと書いた **2.** フワフワ書いた **3.** フワフワだ **4.** 書いたフワフワ

D) Per favore, resisti!

1. カッシリして **2.** ワクワクして **3.** シッカリして **4.** ビックリして

E) Ho sentito un BUM

1. ドカンと思った **2.** ドカンと聞いた **3.** ニャンと聞いた **4.** 聞いたドカン

F) Sta guardando immobile

1. しくっと見ている **2.** とっじ見ている **3.** じっと見ている **4.** じ見ている

G) Penso che sia buono

1. おいしいと思う **2.** おいしい思う **3.** おいしいだと思う **4.** おいしいと言う

ESERCIZIO 3

Che cosa va inserito nello spazio per completare la frase? Cerchia la risposta corretta tra le quattro opzioni. Sì, davvero.

A) きょねん、あのひとは　べんごし (________) なりました

1. が　**2.** く　**3.** の　**4.** に

B) はい、とてもいい (________) おもいます

1. と　**2.** も　**3.** だ　**4.** という

C) そらが　あお (________) なった

1. く　**2.** に　**3.** で　**4.** い

D) ははが つくったケーキは (________) ですね

1. いいと　**2.** いいだ　**3.** いい　**4.** よく

E) きのう、イライラ (________) フランスじんが きましたよ

1. だ　**2.** した　**3.** な　**4.** は

F) だれも いないから、でんしゃが しずか (________) なった

1. く　**2.** で　**3.** に　**4.** な

G) かのじょが いちばん じょうず (________) と おもう

1. も　**2.** で　**3.** だ　**4.** です

Scegliere la particella giusta è sempre una bella sfida. Più o meno.

ESERCIZIO 4

Si parte: come si esprimono queste belle cosette? Non chiedere sul gruppo Telegram, né.

A) Resistere con forza

1. しっかり **2.** すっきり **3.** さっぱり **4.** しくしく

B) Battito del cuore

1. ときどき **2.** どきどき **3.** ときとき **4.** きどきど

C) Qualcosa che brilla

1.からから **2.** きらきら **3.** しくしく **4.** わくわく

D) Il miagolio del gatto

1. にぇん **2.** にゅう **3.** にゃん **4.** にょん

E) Una cosa molto secca

1.むりむり **2.** ぱちぱち **3.** からから **4.** ねばねば

F) Piagnucolare a bassa voce

1. くすくす **2.** くりくり **3.** さくさく **4.** しくしく

G) Essere nervoso

1. いらいら **2.** いれいれ **3.** いりいり **4.** いろいろ

Che suoni carini, eh? Ma non distrarti. Sono infidi e subdoli.

ESERCIZIO 5

Dunque, dunque, dunque. Con che verbo accoppieresti queste onomatopee? Voglio solo risposte corrette, mi racco.

A) しくしく

1. なく **2.** まわる **3.** いく **4.** する

B) じっと

1.かく **2.** いう **3.** はなす **4.** みる

C) ぐるぐる

1. まわる **2.** いう **3.** かく **4.** およぐ

D) びっくり

1. すわる **2.** ねる **3.** だ **4.** する

E) わくわく

1. する **2.** かく **3.** かう **4.** だ

F) ぺらぺら

1. いう **2.** およぐ **3.** はなす **4.** なく

G) ふわふわ

1. なく **2.** だ **3.** かく **4.** きく

Consiglio! Cerca su YouTube qualche video sulle onomatopee! Immagini e suoni insieme aiutano!

ESERCIZIO 6

Azz, qui siamo sul difficile. Come si leggono queste parole super kanjose? Cerchia la risposta corretta e fammi esaltare di brutto.

A) 弁護士

1. ばんごさ **2.** なごし **3.** しべんご **4.** べんごし

B) 爆発

1. ばくばく **2.** はつはつ **3.** はつばく **4.** ばくはつ

C) 病院

1. びようういん **2.** びょういん **3.** びょん **4.** びおん

D) 三階

1. さっかい **2.** さんかい **3.** さんまい **4.** みっかい

E) 友達

1. ともだち **2.** ゆうたつ **3.** いしゃ **4.** りょうり

F) 回転

1. てんかい **2.** かいてん **3.** たんかい **4.** かいたん

G) 寿司

1. そば **2.** てんぷら **3.** すし **4.** さしみ

Cose che non fregano a nessuno: adoro i にぎり di ちゅうとろ

ESERCIZIO 7

Risolvi il cruciverba utilizzando solamente il sillabario hiragana.

■	1	2	■	3	4
5		き	6	■	
つ	■	■	7	え	
8	9	■	■	■	
■	10	11	12	13	■
■	■	14	ら		

ORIZZONTALI

1. finestra
3. amore
5. ジエキペ
7. RA-E-I
8. tipo, cose così
10. onomatopea dell'emozione, non vedere l'ora
14. onomatopea di una cosa secca

VERTICALI

1. 前
2. il tu-tum del cuore (x1)
4. onomatopea del nervoso
5. stare immobili
6. bla bla (x1)
9. 川
11. クカ
12. ワラ
13. KU-KA

LEZIONE 26
VARI USI DELLA FORMA IN -TE

Il tuo libro è fantastico Davide!
ShiMa

ESERCIZIO 1

Siamo alla resa dei conti. Coniuga in forma -te questi bei verbazzi, cerchiando la risposta corretta tra le quattro opzioni.

A) およぐ

1. およいて **2.** およいで **3.** およんで **4.** およって

B) さす

1. させて **2.** さて **3.** さって **4.** さして

C) ぬすむ

1. ぬすんで **2.** ぬすって **3.** ぬすて **4.** ぬすいで

D) する

1. すりて **2.** しって **3.** して **4.** すて

E) なく

1. ないで **2.** ないて **3.** なって **4.** なきて

F) しる

1. しるて **2.** しりて **3.** して **4.** しって

G) もつ

1. もって **2.** もて **3.** もちて **4.** もつって

Grammaticalmente è più importante la forma piana rispetto alla cortese!

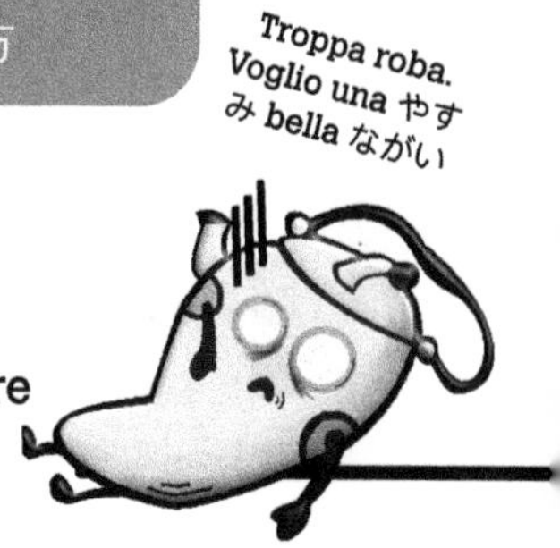

ESERCIZIO 2

Vi sono mancato, eh? Eccoci di nuovo qui, a capire come esprimere questi concetti. Daje regà.

A) Provo a salire

1. のってみる 2. のってしまう 3. のっておく 4. のって

B) Salgo e vado

1. のっておく 2. のってある 3. のっていく 4. のってくる

C) Anche se salgo

1. のるも 2. のっても 3. のってみた 4. のってある

D) Salgo e arrivo

1. のってくる 2. のっていく 3. のっておく 4. のってみる

E) Sono nella *condizione* di essere salito

1. のっても 2. のっていく 3. のってある 4. のっている

F) Salgo perché poi mi servirà

1. のっても 2. のってしまう 3. のっておく 4. のっていく

G) Salgo e...

1. のった 2. のって 3. のってで 4. のるて

ESERCIZIO 3

Che parola va inserita nello (spazio) per completare la frase? Cerchia la risposta corretta e non drogarti mai. Ti osservo.

A) でんきが つけて (________)

1. える **2.** おる **3.** いる **4.** ある

B) マリオさんは かのじょと けっこん して (________)

1. ある **2.** いる **3.** おる **4.** うる

C) しけんが あるから、おそくまで べんきょう (________) おく

1. して **2.** した **3.** する **4.** し

D) はを みがいて(________)、しんぶんを よみます

1. して **2.** まで **3.** から **4.** ので

E) ドアが あけて (________)

1. する **2.** いる **3.** ある **4.** どから

F) ほんとうに やらなくて (________) ですか?

1. ね **2.** も **3.** の **4.** し

G) じしょは テーブルの うえに (________) ね

1. なくても **2.** も **3.** おいておく **4.** ないで

Le parentesi del mistero.

ESERCIZIO 4

Uhh, come si traducono o leggono le parole sottolineate? Cerchia la risposta corretta

A) Provo a scriverlo ogni sera

1. 毎晩　2. 毎年　3. 毎週　4. 毎日

B) Ogni mattina studio il giapponese

1. 毎日　2. 毎年　3. 毎朝　4. 毎週

C) 毎月、母からプレゼントをもらいます

1. ogni giorno　2. ogni mese　3. ogni mattina　4. ogni lunedì

D) 毎晩読んでいるマンガは おもしろくないです

1. ogni giorno　2. ogni sera　3. ogni mattina　4. ogni anno

E) Cosa fai ogni giorno?

1. 毎日　2. 毎朝　3. 毎月　4. 毎年

F) Ogni settimana leggo un libro nuovo

1. 毎日　2. 毎晩　3. 毎週　4. 毎朝

G) 毎年 日本に行きたいです

1. ogni anno　2. ogni mese　3. ogni giorno　4. ogni settimana

Ma i 日本人 padroneggiano tutte ste forme? Sì.

ESERCIZIO 5

Come si traducono le parti sottolineate? Cerchia la risposta corretta tra le quattro opzioni disponibili. Ti voglio carico, eh.

A) Anche se fosse giapponese non lo farebbe

1. 日本人も 2. 日本人ても 3. 日本人でも 4. 日本人でしても

B) Ho provato a scriverlo ma non ce l'ho fatta

1. 書いてしまった 2. 書いておいた 3. 書いてみた 4. 書いた

C) La colazione è stata preparata

1. 作る 2. 作っていた 3. 作ってある 4. 作っている

D) Va bene! Lo faccio e arrivo

1. やってくる 2. きてやる 3. やりくる 4. やるきた

E) Da quando sono venuto qui sono diventato felice

1. 来ても 2. 来るから 3. 来たから 4. 来てから

F) Dai, prima di andare beviamo!!!

1. 飲んでおこう 2. 飲んであろう 3. 飲んでおう 4. 飲んでみよう

G) Mi scusi ma, cosa sta facendo?

1. してあります 2. しています 3. しておきます 4. します

Consiglio! Inventati e scrivi almeno 3 frasi per ogni uso della forma in -te che abbiamo imparato!

Diario di bordo: la forma -te è veramente la base della lingua giapponese.

ESERCIZIO 6

Metti in ordine i 4 elementi per formare la frase. L'elemento che capita sul pallino dovrà essere cerchiato come risposta giusta.

A) ＿＿＿ ＿●＿ ＿＿＿ ＿＿＿ か?

1. いつから **2.** して **3.** います **4.** けっこん

B) 知らない ＿＿＿ ＿＿＿ ＿＿＿ ＿●＿

1. カタカナ **2.** が **3.** ある **4.** 書いて

C) ＿●＿ ＿＿＿ ＿＿＿ ＿＿＿ カラオケが 好き

1. うたが **2.** かれは **3.** じょうず **4.** で

D) ＿＿＿ ＿＿＿ ＿●＿ ＿＿＿ ミラノに行くよ

1. べんきょう **2.** から **3.** して **4.** このかんじを

E) にげて ＿＿＿ ＿●＿ ＿＿＿ ＿＿＿ か?

1. 人は **2.** しまった **3.** でした **4.** だれ

F) ＿＿＿ ＿＿＿ ＿＿＿ ＿●＿ ！

1. して **2.** これをべんきょう **3.** しけんの前に **4.** おきましょう

G) ＿＿＿ ＿●＿ ＿＿＿ ＿＿＿ よね?

1. 食べなくて **2.** いい **3.** も **4.** これは

ESERCIZIO 7

Risolvi il cruciverba utilizzando solamente il sillabario hiragana.

1 て	2	3	■	4	
5			6	ら	■
	■	■	7		8
■	9	っ		■	ん
10		■	11	12 ちゃ	
13		な			

ORIZZONTALI

1. indica l'azione in corso
4. 耳
5. dopo che è visibile
7. ma va bene?
9. forma -te di 行く
10. きって in forma da dizionario
11. con il tè
13. anche se non bevi

VERTICALI

1. indica "provare a fare"
2. 家
3. ルテ
4. futuro
6. scrivo che mi servirà
8. anche se bevi
9. イルマ
10. dell'albero
12. CHA-TE

LEZIONE 27
CONTARE LE COSE

Grazie per tutto quello che fai....sei di immenso aiuto a tutti quelli che vogliono imparare questa fantastica lingua
Alessandro D.

ESERCIZIO 1

Che contatore useresti per queste cose? Ma soprattutto, ti sei fatto il bidet? Comunque, cerchia la risposta corretta. Eddai.

A) Persone

1. しん **2.** さん **3.** にん **4.** じん

B) Biglietti

1. だい **2.** まい **3.** かい **4.** さい

C) Manga

1. こつ **2.** たつ **3.** さつ **4.** まつ

D) Criceti

1. ひき **2.** きひ **3.** しき **4.** みき

E) Gradi centigradi

1. ど **2.** かい **3.** さい **4.** とう

F) Taxi

1. たい **2.** さい **3.** かい **4.** だい

G) Bottiglie di gazzosa

1. ど **2.** ひき **3.** ほん **4.** こ

ESERCIZIO 2

Come si leggono queste parole? Sii deciso e cerchia la risposta presumibilmente giusta.

A) 四人

1. しにん **2.** よじん **3.** よんにん **4.** よにん

B) 六枚

1. ろっまい **2.** ろくまい **3.** ろっぱい **4.** ろっかい

C) 八つ

1. よつ **2.** やつ **3.** よっつ **4.** やっつ

D) 一冊

1. いっさつ **2.** いちさつ **3.** ひとさつ **4.** いちつ

E) 二人

1. ににん **2.** ふたり **3.** にじん **4.** ふたびと

F) 三本

1. さっぽん **2.** みほん **3.** さんぼん **4.** みっぽん

G) 三匹

1. みつひき **2.** みっぴき **3.** さんびき **4.** さんひき

ESERCIZIO 3

Che contatore va inserito nello spazio per completare la frase? Cerchia la risposta corretta tra le quattro opzioni disponibili.

A) 昨日、にぎりを **(________)** 食べました

1. さんこ **2.** さんびき **3.** さんど **4.** さん

B) 日本人は **(________)** いる?

1. いくつ **2.** なんじん **3.** なんにん **4.** なにひと

C) 猫を **(________)** 見ました

1. ごつ **2.** ひきご **3.** ごきひ **4.** ごひき

D) 料理の本を **(________)** ください

1. にさつ **2.** にほん **3.** さつ **4.** につ

E) コンピューターが **(________)** ある?

1. なんかい **2.** だい **3.** なに **4.** なんだい

F) テーブルの上に ボトルが **(________)** あります

1. いちだい **2.** いっぽん **3.** いっぴき **4.** いっさつ

G) ふうとうを **(________)** おねがいします

1. ごこ **2.** ごだい **3.** ごさつ **4.** ごまい

Se siamo in palla, usiamo il contatore TSU (oppure KO) per levarci dai problemi

ESERCIZIO 4

Come si traducono queste frasette? Cerchia la risposta giusta e fammi essere orgoglioso di te.

A) Vietato andare

1. 行ってはいい 2. 行くはダメ 3. 行かないとダメ 4. 行ってはダメ

B) Ancora una volta

1. 一度も 2. もう一度 3. 一度もう 4. 一度か

C) Vietato bere

1. 飲んではいけない 2. 飲むといい 3. 飲んでおく 4. 飲んでしまう

D) I cinque cani

1. 五冊 2. 五枚 3. 五匹 4. 五台

E) Fino al quarto piano

1. 四回まで 2. 四回しか 3. 四階から 4. 四階まで

F) Quello che ho visto

1. 見たし 2. 見るのは 3. 見たのは 4. 見たは

G) Quanti anni hai?

1. いくつ 2. いくら 3. どれぐらい 4. なんつ

ESERCIZIO 5

Come si scrivono in hiragana questi contatori? Come come? Vuoi un aiutino? Non scherziamo nemmeno.

A) 十五枚

1. ごじゅうまい **2.** じゅうごさい **3.** じっごまい **4.** じゅうごまい

B) 五十人

1. ごじゅうにん **2.** ごじゅうじん **3.** ごじゅうひん **4.** ごっじん

C) 二十度

1. にじゅうどう **2.** にじゅうと **3.** にじゅうど **4.** にじゅうこ

D) 十一本

1. じゅういっぽん **2.** じゅういぽん **3.** じゅうぽん **4.** じゅっぽん

E) 三つ

1. さんつ **2.** さつ **3.** みっつ **4.** みつ

F) 何台

1. なにだい **2.** だいなん **3.** なんたい **4.** なんだい

G) 八個

1. はっこう **2.** はっこ **3.** はっちょう **4.** はちこう

Consiglio! Osserva le cose intorno a te e prova a capire che contatore andrebbe usato su quell'oggetto!

ESERCIZIO 6

Come si scrivono in kanji le parti sottolineate? Cerchia la risposta corretta e non farmi pentire di essere il tuo sensei.

A) けさ、しちじに 起きました

1. 七時　**2.** 七間　**3.** 七分　**4.** 七年

B) きのう、みかんを さんこ買いました

1. 三冊　**2.** 三台　**3.** 三個　**4.** 三子

C) ビールを じゅっぽん飲んでしまった

1. 十木　**2.** 十体　**3.** 十本　**4.** 十休

D) 日本人が ひとりだけ います

1. 一人　**2.** 二人　**3.** 一入　**4.** 一内

E) はい、いつかに 会いましょうね

1. 五年　**2.** 五日　**3.** 五週　**4.** 五枚

F) ろっぴきの猫は あそこにいるよ

1. 六個　**2.** 六西　**3.** 六四　**4.** 六匹

G) ほんとうに じゅうにど だけですか?

1. 十二個　**2.** 十二台　**3.** 十二度　**4.** 十二冊

Triste storia: in giapponese i numeri dopo il milione restano un mio punto debole

ESERCIZIO 7

Urca. Risolvi il cruciverba usando solo il sillabario hiragana.

1	■	2	じゅ	3	4
	■		■	5	
6	7	■	8		い
■	9			■	■
10	び	■		■	11
11	■	12			

ORIZZONTALI

2. venticinque
5. エマ
6. TSU-RI
8. due macchinari
9. 一人
10. HI-BI
12. 九つ

VERTICALI

1. due cose (indefinite)
2. contatore per le persone
3. 上田
4. 五枚
7. RI-HI-BI
8. ニリエコ
10. contatore per animali
11. vincere

LEZIONE 28
LA FAMIGLIA

Ciao Davide, mi piace come insegni, grazie a te sto imparando molte cose per parlare bene il giapponese. Grazie
Katiuscia 76

ESERCIZIO 1

Come si traducono queste parole? Cerchia la risposta corretta tra le quattro opzioni disponibili. Ma senza esagerare.

A) Mamma

1. ばば 2. はは 3. なな 4. かば

B) Nonna

1. そふ 2. そぼ 3. ふそ 4. ぼそ

C) Zio

1. むじ 2. じこ 3. やじ 4. おじ

D) Figlio

1. そふ 2. あに 3. おっと 4. むすこ

E) Fratello

1. あに 2. あね 3. おに 4. あな

F) Moglie

1. すま 2. ずま 3. むさ 4. つま

G) Figlia

1. むすこ 2. むすめ 3. こすめ 4. めすこ

Mia mamma la chiamo Okaasan, non Haha. Altrimenti suona tipo "madre"

ESERCIZIO 2

Alè, traduciamo in giapponese le parole sottolineate, senza cedere alla tentazione di spiare le soluzioni.

A) Tuo nonno mi ha dato un telefono

1. した　　**2.** もらった　　**3.** あげた　　**4.** くれた

B) Io ho dato un fiore a sua moglie

1. くれた　　**2.** もらった　　**3.** もらわない　　**4.** あげた

C) Non mi faresti il favore di scrivere il tuo nome?

1. くれる　　**2.** くれない　　**3.** もらわない　　**4.** あげない

D) Non ti faccio il favore di scrivere il tuo nome

1. あげない　　**2.** くれない　　**3.** もらわない　　**4.** しない

E) Da tua zia ho ricevuto il favore di insegnarmelo

1. もらました　　**2.** もらいました　　**3.** くれました　　**4.** くれりました

F) Ti ho fatto il favore di preparartelo

1. あげりました　　**2.** あぎました　　**3.** あました　　**4.** あげました

G) Non mi faresti il favore di scrivere il tuo nome?

1. くれます　　**2.** くれません　　**3.** もらいません　　**4.** あげません

ESERCIZIO 3

Che elemento va inserito nello spazio per completare la frase?
Non posso aiutarti, è contro la mia religione.

A) お母さんの妹は 私の (________) です。

1. じば **2.** ばじ **3.** おば **4.** おじ

B) お父さんの弟は 私の (________) です。

1. おじ **2.** むすこ **3.** むすめ **4.** そふ

C) お母さんのお母さんは 私の (________) です。

1. そふ **2.** そぼ **3.** むすめ **4.** つま

D) お父さんの娘は (________) です。

1. はば **2.** おび **3.** わたし **4.** おば

E) 祖母の夫は 私の (________) です。

1. ふうふ **2.** そふ **3.** ふそ **4.** しふ

F) お父さんの娘は 私の (________) です。

1. おじ **2.** おとうと **3.** あに **4.** あね

G) お父さんのお母さんは 私の (________) です。

1. つま **2.** おば **3.** おじ **4.** そぼ

Troppi parenti. Troppi legami. Andate via, vi prego.

ESERCIZIO 4

Maaaaa, 'scolta un po'. Me lo dici cosa significano queste parole? Non fare il timido.

A) おにいさん

1. zio 2. papà 3. fratello 4. sorella

B) おくさん

1. moglie 2. marito 3. nonna 4. zia

C) おじさん

1. nonno 2. zio 3. fratello 4. marito

D) おばあさん

1. zia 2. zio 3. nonna 4. nonno

E) おじいさん

1. nonno 2. fratello 3. marito 4. zio

F) おねえさん

1. nonna 2. moglie 3. sorella 4. fratello

G) だんなさん

1. moglie 2. zio 3. marito 4. figlio

Tutti simili sti parenti. Ma ce la faremo.

ESERCIZIO 5

Quizzone da un milione di corone svedesi: come si leggono queste paroline? Cerchia la risposta corretta, senza timore.

A) 祖母

1. そぼ **2.** そふ **3.** あに **4.** おば

B) お父さん

1. おかあさん **2.** おじさん **3.** おとさん **4.** おとうさん

C) 母

1. つま **2.** そふ **3.** はは **4.** ちち

D) 息子

1. むすこ **2.** むすめ **3.** いきし **4.** いきこ

E) お兄さん

1. おねえさん **2.** おねさん **3.** おにさん **4.** おにいさん

F) 夫

1. おっと **2.** おと **3.** とう **4.** おうと

G) 娘

1. むすこ **2.** おんなめ **3.** むすね **4.** むすめ

Consiglio! Prova a descrivere la vostra famiglia in giapponese!

ESERCIZIO 6

Metti in ordine i 4 elementi per formare la frase. L'elemento che capita sul pallino dovrà essere cerchiato come risposta giusta.

A) ＿＿＿ ＿●＿ ＿＿＿ ＿＿＿ ひいた

1. を **2.** は **3.** かぜ **4.** お父さん

B) 私は ＿＿＿ ＿＿＿ ＿＿＿ ＿●＿ できます

1. を **2.** ギター **3.** ことが **4.** ひく

C) ＿＿＿ ＿●＿ ＿＿＿ ＿＿＿

1. おくさんは **2.** くれました **3.** おしえて **4.** イタリア語を

D) ＿＿＿、 ＿＿＿ ＿＿＿ ＿●＿

1. きのう **2.** よんだり **3.** およいだり **4.** した

E) おくさん ＿＿＿ ＿●＿ ＿＿＿ ＿＿＿

1. おしえて **2.** イタリア語を **3.** に **4.** もらいました

F) ＿＿＿ ＿＿＿ ＿●＿ ＿＿＿ か?

1. もらいました **2.** に **3.** おたんじょうび **4.** なにを

G) 休みの日に ＿＿＿ ＿＿＿ ＿＿＿ ＿●＿ います

1. 勉強したり **2.** して **3.** さんぽしたり **4.** 日本語を

Diario di bordo: nel colloquiale, le particelle WA, GA e WO vengono tagliate

ESERCIZIO 7

Risolvi il cruciverba utilizzando solamente il sillabario hiragana.

1	ま	■	2		■
	■	3		■	4
5			■	■	
	■	6	7	ゆ	
8 ん	9	■		■	
■	10		■	11	

ORIZZONTALI

1. ムマ
2. mia sorella maggiore
3. granchio
5. KO-NE-ZO
6. クハユウ
8. N-NE
10. mia moglie
11. mille

VERTICALI

1. tuo figlio maschio
2. mio fratello maggiore
3. 家族
4. papà
7. 母
9. febbre

LEZIONE 29
IO VOGLIO

Tantissimi complimenti per i 20k iscritti! Da parte mia, e penso di tutti gli iscritti e non, ti ringrazio per tutto il lavoro che stai facendo. Avanti tutta!
Dtk88

ESERCIZIO 1

Traduci nella forma "volere" i seguenti verbi. Ah, non guardare me. Io non sapere giapponese.

A) のむ

1. のみたい **2.** のたい **3.** のまたい **4.** のんたい

B) ねる

1. ねらたい **2.** ねるたい **3.** ねったい **4.** ねたい

C) はなす

1. はなさたい **2.** はなしたい **3.** はなりたい **4.** はなたい

D) する

1. すったい **2.** すたい **3.** するたい **4.** したい

E) かえる

1. かえったい **2.** かえりたい **3.** かえらたい **4.** かたい

F) まなぶ

1. まなびたい **2.** まなばたい **3.** まなんだい **4.** まなぶたい

G) くる

1. こたい **2.** きたい **3.** くたい **4.** きりたい

ESERCIZIO 2

Wè, non scherziamo nemmeno. Non puoi sottrarti dal tradurre queste parole. Ce la farai.

A) Volevo andare

1. いったたい **2.** いきたいかった **3.** いきたいだった **4.** いきたかった

B) Non lo voglio

1. ほしくない **2.** ほしいくない **3.** ほしかった **4.** ほさくない

C) Voglio correre

1. はしらたい **2.** はっしたい **3.** はしりたい **4.** はしるたい

D) Non volevo dirlo

1. いいたくない **2.** いいたくなかった **3.** いいたかった **4.** いった

E) Voglio sedermi

1. すわったい **2.** すわらたい **3.** すわたい **4.** すわりたい

F) Non voglio scrivere

1. かきたい **2.** かかたくない **3.** かきたくない **4.** かきたない

G) Lo volevo

1. したかった **2.** ほしかった **3.** かった **4.** なかった

ESERCIZIO 3

Che elemento va inserito nello spazio per completare la frase? Cerchia la risposta corretta tra le quattro opzioni disponibili.

A) ここが (________) 安いレストランです

1. ほうが **2.** は **3.** おいしく **4.** いちばん

B) あなた (________) すしを作ってほしいです

1. に **2.** を **3.** いちばん **4.** より

C) その本は (________) たくない ですよ

1. よみます **2.** よむ **3.** よ **4.** よみ

D) 何をする (________) ですか?

1. より **2.** つもり **3.** ほう **4.** ては

E) 何が いちばん (________) ですか?

1. がすき **2.** すきだ **3.** すき **4.** すきな

F) 来年、イタリアに (________) つもりです

1. いきたい **2.** いき **3.** いく **4.** いきます

G) きみに ここに 来て (________) ですよ

1. つもり **2.** たい **3.** くて **4.**ほしい

Non bisogna studiare troppe ore di fila: finirai per odiare il giapponese così!

ESERCIZIO 4

Uhh, brividi. Come si leggeranno i kanji sottolineati? Boh. Cerchia la risposta corretta.

A) 彼が一番上手です

1. いっぱん **2.** ひとばん **3.** いちばん **4.** ほうが

B) 日本に行きたいと思っている

1. おも **2.** し **3.** わか **4.** い

C) ううん、寝たくないよ！

1. な **2.** ね **3.** ねむ **4.** ねる

D) 何も言わないで欲しいです

1. おも **2.** よ **3.** いい **4.** い

E) 八時に帰りたかったです

1. かえ **2.** か **3.** かえり **4.** かわ

F) 日本語も勉強して欲しい

1. へ **2.** ひ **3.** ほ **4.** は

G) 僕は犬が一番飼いたいです

1. か **2.** き **3.** く **4.** け

Yes, si possono creare un sacco di frasi utili con **-tai**.

ESERCIZIO 5

Come si traducono le parole sottolineate? E poi, hai mangiato lo yogurt prima della scadenza? Daje, cerchia la risposta corretta.

A) Non volevo andare alla festa

1. 行きたかった **2.** 行きたい **3.** 行きたくなかった **4.** 行かなかった

B) Ho intenzione di dirlo a tutti

1. より **2.** ほしい **3.** つもりじゃない **4.** つもりです

C) Sono un po' imbranato in inglese

1. 英語が **2.** 英語で **3.** 英語を **4.** 英語に

D) Quel film non lo voglio guardare

1. 見るたくない **2.** 見るない **3.** 見たくない **4.** 見たかった

E) Volevo solo un libro di ricette

1. かった **2.** 買いたかった **3.** 欲しかった **4.** しかった

F) Hai intenzione di non comprarlo?

1. 買いたい **2.** 買ない **3.** 買わない **4.** 買いません

G) Vorrei che anche tu venissi qui

1. たい **2.** ほしい **3.** ほしくない **4.** つもり

Consiglio! Prova a dire in giapponese che esperienze vorresti fare nella vita!

ESERCIZIO 6

Metti in ordine i 4 elementi per formare la frase. Il resto lo sai. La parola sul pallino è la risposta giusta.

A) ______ ●______ ______ ______ くない よ

1. 帰りた **2.** 時間 **3.** こんな **4.** に

B) 新しい ______ ______ ●______ ______

1. が **2.** です **3.** 欲しい **4.** 車

C) ______、 ______ ______ ●______ かった

1. したくな **2.** 日本語は **3.** 勉強 **4.** 去年

D) あなた______ ●______ ______ ______ ほしい

1. いて **2.** 待って **3.** ここで **4.** に

E) この ______ ●______ ______ ______ おいしいです

1. これ **2.** 中で **3.** 一番 **4.** が

F) ______ ______ ______ ●______ ですか?

1. 行く **2.** どこ **3.** に **4.** つもり

G) ______ ●______ ______ ______ ない です

1. 欲しく **2.** の **3.** 青い **4.** は

ESERCIZIO 7

Risolvi il cruciverba utilizzando solamente il sillabario hiragana.

1	2	3	つ	4	■
5		い	■	6	7
8			9	■	
	■	10	ち	■	
11	12		■	13	
■	14	い			■

ORIZZONTALI

1. lo volevo
5. forma -tai di する
6. BE-NO
8. forma -tari di くれる
10. bocca
11. ahh, che bello
13. RE-I
14. voglio dire

VERTICALI

1. negativo di ほしい
2. シタレ
3. non voglio comprare
4. voglio mangiare senza たい
7. voglio bere
9. RI-CHI
12. bello
13. esempio

LEZIONE 30
LE PAROLACCE

Sei grande. Un esempio di grinta!
Sekaino Maruko

Non ti sto insultando, è solo la verità.

ESERCIZIO 1

Quale tra le quattro opzioni è una parolaccia?
Cerchia la risposta corretta e rendimi orgoglioso.

A) Qual è la parolaccia?

1. しまう **2.** まった **3.** しちゃった **4.** しまった

B) Qual è la parolaccia?

1. こら **2.** これ **3.** くる **4.** きれ

C) Qual è la parolaccia?

1. にぱい **2.** おっかい **3.** いっぱい **4.** おっぱい

D) Qual è la parolaccia?

1. いっしょう **2.** ちくしょう **3.** じかん **4.** ちかいでしょう

E) Qual è la parolaccia?

1. あまい **2.** あさい **3.** やばい **4.** はやい

F) Qual è la parolaccia?

1. このひと **2.** このやろう **3.** このかた **4.** じん

G) Qual è la parolaccia?

1. ばか **2.** しか **3.** うし **4.** かば

Ricordiamoci sempre che non è consigliabile usarle...

ESERCIZIO 2

Come si traducono queste parole? Cerchia la risposta corretta ricordandoti che non vale chiedere nei commenti su YouTube.

A) Vado a scrivere

1. 書きますに行く 2. 書くに行く 3. 書きに行く 4. 書きへ行く

B) Più di te

1. きみなんて 2. きみしか 3. きみより 4. きみから

C) T*tte

1. おぱい 2. おうぱい 3. おっぱい 4. おうっぱい

D) Vero

1. ほんとうに 2. ほんとうの 3. ほんとうな 4. ほんとうい

E) Ehi!!!

1. さぁ 2. わぁ 3. こら 4. まぁ

F) Voglio andare a leggere

1. 行きに読みたい 2. 読みに行く 3. 読みに行きたい 4. 読みたいに行く

G) Pezzo di idiota

1. ばかやろう 2. やろうばか 3. ばかじん 4. ばかい

ESERCIZIO 3

Che parolaccia useresti in queste situazioni? Cerchia (indovina cosa?) la risposta corretta.

A) Se ti cade il cellulare

1. こら 2. しまった 3. くそやろう 4. おっぱい

B) Se vuoi insultare il tuo nemico

1. おれ 2. きみ 3. あなた 4. てめぇ

C) Se hai perso l'autobus

1. いいね 2. ちくしょう 3. すごい 4. おもしろい

D) Se vuoi intimare qualcuno a fermarsi

1. そりゃ 2. そら 3. こら 4. なに

E) Se vuoi insultare la ragazza davanti a te

1. ボース 2. バス 3. ブス 4. ビース

F) Se il tuo amico dice una cosa fuori da ogni logica

1. しまった 2. くそ 3. ばか 4. こら

G) Se si è spenta la luce all'improvviso

1. ばか 2. やばい 3. くそやろう 4. おっぱい

ESERCIZIO 4

Facciamo un ripassone di grammatica. Come si traducono queste simpatiche frasette? Noi del team siamo con te.

A) Più che Mario

1. マリオに **2.** マリオから **3.** マリオしか **4.** マリオより

B) Sono andato a comprare

1. 買いに行った **2.** 買った **3.** 行きに買った **4.** 買うに行った

C) Voglio che aspetti

1. 待っておく **2.** 待っている **3.** 待ちたい **4.** 待ってほしい

D) Faccio cose come leggere e scrivere

1. 読んだり書いたりする **2.** 書いて読む **3.** 書きに読む **4.** 書いた読んだ

E) Vietato scrivere

1. 書いてしまう **2.** 書いてはダメ **3.** 書かないとダメ **4.** 書いておく

F) Dopo che mi sarò sposato

1. 結婚している **2.** 結婚するから **3.** 結婚してから **4.** 結婚したから

G) Non voglio andare a preparare

1. 作りたい **2.** 作りに行きたくない **3.** 作って行かない **4.** 作りに行かない

Consiglio! Non usare queste parole se non hai davvero molta confidenza con l'interlocutore, nè!

ESERCIZIO 5

Quale tra le quattro opzioni NON è una parolaccia? Non farmi incazzà.

A) Quale non è una parolaccia?

1. こわい　2. やばい　3. おっぱい　4. しまった

B) Quale non è una parolaccia?

1. ばかやろう　2. このやろう　3. やるよ　4. くそやろう

C) Quale non è una parolaccia?

1. ちんこ　2. しまった　3. しましょう　4. ちくしょう

D) Quale non è una parolaccia?

1. こら　2. それ　3. ブス　4. おっぱい

E) Quale non è una parolaccia?

1. このやろう　2. くそ　3. まずい　4. こら

F) Quale non è una parolaccia?

1. こら　2. くそ　3. ばか　4. うし

G) Quale non è una parolaccia?

1. ちんこ　2. まんこ　3. こころ　4. このやろう

ESERCIZIO 6

Metti in ordine i 4 elementi per formare la frase. L'elemento che capita sul pallino dovrà essere cerchiato come risposta giusta.

A) ＿＿＿ ＿●＿ ＿＿＿ ＿＿＿ です

1. おおきい **2.** より **3.** ローマは **4.** ミラノ

B) ごご、＿＿＿ ＿＿＿ ＿●＿ ＿＿＿ いきます

1. ビールを **2.** のみ **3.** に **4.** ともだちと

C) ＿＿＿ ＿●＿ ＿＿＿ ＿＿＿？

1. か **2.** きました **3.** なにを **4.** しに

D) ＿＿＿ ＿＿＿ ＿●＿ ＿＿＿ じょうずですよ

1. かれ **2.** ほうが **3.** より **4.** あなたの

E) こら、＿＿＿ ＿●＿ ＿＿＿ ＿＿＿！？

1. して **2.** なに **3.** だ **4.** ん

F) ＿＿＿ ＿＿＿ ＿＿＿ ＿●＿ ね

1. ください **2.** あそび **3.** きて **4.** に

G) ＿＿＿ ＿●＿ ＿＿＿ ＿＿＿ いいです

1. きっぷ **2.** やすい **3.** は **4.** ほうが

ESERCIZIO 7

Risolvi il cruciverba utilizzando solamente il sillabario hiragana.

■	1	■	2	3	ま
4	の	■	5		■
	■	6		■	7
8			■	9	
	■	10	11	■	っ
12		■	13		

ORIZZONTALI

2. un "tu" aggressivo
4. バノ
5. YO-E
6. E-RI
8. cavoli...
9. 馬
10. MA-KU
12. 牛
13. il passato di そえる

VERTICALI

1. 木の
2. più che l'albero...
4. pezzo di idiota
6. エイマ
7. oh no, porca miseriaccia...
11. m*rda!

映

青

ALLENAMENTO SOLO KANJI

化

顔

進

Adoro il tuo canale, e sei super simpatico e divertente! Continua così!
Mara L.

ESERCIZIO 1

Qual è la lettura ON dei seguenti kanji? Poi fai quello che vuoi, eh. Non ti costringo mica.

Fai l'autolesionista e prova a indovinare anche la lettura KUN!

A) 工

1. こう **2.** そう **3.** もう **4.** とう

B) 不

1. す **2.** る **3.** しゅ **4.** ふ

C) 千

1. けん **2.** めん **3.** せん **4.** てん

D) 午

1. ご **2.** こ **3.** ろ **4.** も

E) 予

1. しょ **2.** ゆ **3.** よ **4.** や

F) 化

1. か **2.** け **3.** き **4.** こ

G) 主

1. し **2.** しゅ **3.** じょう **4.** じ

ESERCIZIO 2

Ansia ne abbiamo? Qual è la lettura KUN dei seguenti kanji? Cerchia la risposta corretta tra le quattro opzioni disponibili.

A) 広い

1. せま **2.** はや **3.** あお **4.** ひろ

B) 代わる

1. さ **2.** か **3.** ま **4.** た

C) 写る

1. かえ **2.** うつ **3.** まわ **4.** しぼ

D) 当たる

1. あ **2.** い **3.** え **4.** お

E) 向かう

1. む **2.** す **3.** か **4.** な

F) 初めて

1. てら **2.** はし **3.** あら **4.** はじ

G) 決める

1. ま **2.** き **3.** こ **4.** て

Nel quotidiano si usano circa un migliaio di kanji

ESERCIZIO 3

Qual è la lettura ON dei seguenti kanji? Io preparo il caffè, ma intanto tu cerchia la risposta corretta.

Per gioco prova a indovinare anche la lettura KUN!

A) 事

1. ぶ
2. じ
3. こ
4. た

B) 明

1. けい
2. てい
3. せい
4. めい

C) 者

1. しゃ
2. じ
3. そう
4. とう

D) 英

1. けい
2. ない
3. えい
4. こう

E) 味

1. し
2. り
3. ね
4. み

F) 和

1. か
2. しゃ
3. わ
4. た

G) 定

1. れい
2. せい
3. めい
4. てい

Le letture cinesi li somigliano un po' tutte, nevvero?

Che bella l'emozione di riuscire a leggere una parola riconoscendo i kanji...

ESERCIZIO 4

Ahh, i kanji... nemici e amici. Daje, come si leggono le seguenti parole? Cerchia la risposta corretta. Ti aspetto di là.

A) 法学

1. ほうがく **2.** しょうがく **3.** ほうがっこう **4.** しがく

B) 男性

1. こせい **2.** だんせい **3.** じょせい **4.** とうせい

C) 発音

1. おんがく **2.** にゅういん **3.** しゅっぱつ **4.** はつおん

D) 特急

1. とっきゅう **2.** とうきょう **3.** とかい **4.** とけい

E) 建物

1. けんちく **2.** たてもの **3.** ものがたり **4.** かんとく

F) 屋上

1. じょうず **2.** てんいん **3.** うえの **4.** おくじょう

G) 教室

1. せんせい **2.** がっこう **3.** きょうしつ **4.** せいと

ESERCIZIO 5

Spè, spè, spè. Come si scriverebbero in kanji le seguenti parole? Cerchia la risposta corretta tra le quattro opzioni. Brr.

A) ちゃいろ

1. 茶色 **2.** 石泉 **3.** 赤中 **4.** 仲間

B) ごはん

1. ご両 **2.** ご飯 **3.** ご食 **4.** ご飲

C) ひつよう

1. 海外 **2.** 中止 **3.** 必要 **4.** 中心

D) てんいん

1. 店員 **2.** 点院 **3.** 点入 **4.** 開店

E) しゃしん

1. 夕飯 **2.** 写真 **3.** 出口 **4.** 食券

F) りょこう

1. 家族 **2.** 旅館 **3.** 料理 **4.** 旅行

G) きこく

1. 海外 **2.** 中国 **3.** 帰国 **4.** 記憶

Che bello capire il significato di una parola nuova solo guadando i kanji

Uh, quanti bei kanji deliziosi. Fatevi sotto.

ESERCIZIO 6

Argh, cosa significheranno mai i seguenti kanji? Sì, te lo sto chiedendo sul serio. Cerchia la risposta corretta.

A) 勉

1. potenza 2. sforzo 3. arguzia 4. testa

B) 理

1. campo 2. animale 3. amore 4. logica

C) 動

1. udire 2. muoversi 3. fissare 4. salire

D) 終

1. inverno 2. dirigersi 3. gioire 4. finire

E) 現

1. apparire 2. uscire 3. sguainare 4. inserire

F) 部

1. capo 2. sotto 3. parte 4. nord

G) 場

1. dopo 2. metà 3. posto 4. orecchio

Consiglio! *I kanji nuovi prova a scriverli 10 volte su un foglio!*

ESERCIZIO 7

Dimmi una cosa e poi ti lascio in pace: come si pronuncia la parola sottolineata? Cerchia la risposta corretta.

A) 質問に答えてください

1. みえて **2.** こたえて **3.** くわえて **4.** ならえて

B) 最初に乗ります

1. さいご **2.** さいしょ **3.** さいてい **4.** さいこう

C) 去年、卒業しました

1. がっこう **2.** そつぎょう **3.** だいがく **4.** てんいん

D) 注意してくださいね

1. ちゃいろ **2.** ちゅうごく **3.** おもい **4.** ちゅうい

E) 数学がとても好きです

1. せいと **2.** がくせい **3.** すうがく **4.** ほうがく

F) それは関係ないでしょ?

1. かんこう **2.** かんけい **3.** かんこく **4.** きんき

G) インターネットで調べてみます

1. さらべて **2.** ならべて **3.** しらべて **4.** ばらべて

ESERCIZIO 8

Qual è la lettura KUN dei seguenti kanji?
Lo so, lo so. Tra poco tutto questo sarà finito.

A) 選ぶ

1. あら　**2.** えら　**3.** おら　**4.** まな

B) 親

1. こあ　**2.** やや　**3.** やお　**4.** おや

C) 全て

1. まべ　**2.** すべ　**3.** たべ　**4.** とえ

D) 安い

1. さや　**2.** あさ　**3.** やさ　**4.** やす

E) 進む

1. すす　**2.** すず　**3.** ずず　**4.** つづ

F) 赤い

1. しろ　**2.** あお　**3.** あか　**4.** くろ

G) 味

1. おみ　**2.** おじ　**3.** あじ　**4.** あみ

ESERCIZIO 9

Ancora un sforzino? Fallo per me, orsù. Qual è la lettura ON dei seguenti kanji? Sì, è molto difficile. Ma chissene. Tvb.

A) 強

1. きゅう **2.** きょう **3.** もう **4.** とう

B) 当

1. のう **2.** そう **3.** もう **4.** とう

C) 問

1. こん **2.** ぽん **3.** もん **4.** とん

D) 現

1. げん **2.** がん **3.** しゃ **4.** ない

E) 悪

1. りい **2.** こう **3.** あく **4.** くう

F) 務

1. く **2.** る **3.** む **4.** しゅ

G) 習

1. しゅう **2.** てい **3.** しょ **4.** いん

Più kanji sappiamo e più riusciamo a leggere le frasi in modo più immediato

Un bel respiro che siamo al capolinea

ESERCIZIO 10

Mannaggia a loro. Come si legge la parola sottolineata? Cerchia la risposta corretta. Davvero.

A) 会場はどこですか?

1. かいじょう **2.** しゃかい **3.** かいしゃ **4.** かいば

B) 飲み物が出ます

1. いみもの **2.** のりもの **3.** のみもの **4.** いんみぶつ

C) これからは天気予報です

1. しとう **2.** やぼう **3.** よほう **4.** まとう

D) この漢字はちょっと難しいね

1. かんし **2.** もじ **3.** かんじ **4.** かな

E) あなたの意見も聞きたいです

1. いけん **2.** いみ **3.** いし **4.** あけん

F) 国際電話はできますか?

1. こくれん **2.** さいこく **3.** こっこう **4.** こくさい

G) はい、美術館にも入れます

1. えいがかん **2.** びじゅつかん **3.** はくぶつかん **4.** りょかん

ESERCIZIO 11

Come si scrive in kanji la parola sottolineata? Cerchia la risposta corretta e non cedere alla tentazione di chiedere su Telegram.

A) いいけいけんですね

1. 家族 **2.** 旅行 **3.** 経験 **4.** 彼女

B) もんだいはありません

1. 新聞 **2.** 文句 **3.** 問題 **4.** 大門

C) かいぎは何時かな?

1. 会議 **2.** 会社 **3.** 社会 **4.** 機械

D) 彼はりょうしんはいません

1. 母親 **2.** 両親 **3.** 父親 **4.** 息子

E) いいえ、りかいできませんよ

1. 開店 **2.** 公園 **3.** 二回 **4.** 理解

F) きげんは7月だよね

1. 試験 **2.** 期限 **3.** 体験 **4.** 給料

G) はい、さいきんは多くなったね

1. 最悪 **2.** 最高 **3.** 最近 **4.** 最低

ESERCIZIO 12

Domandina veloce: come si leggerà la parola sottolineata? Boh, non guardare me.

A) ミラノは首都じゃないよ

1. しゅと **2.** としゅ **3.** さり **4.** しゅま

B) ちょっと練習しよう

1. れんしゅう **2.** しゅうれん **3.** もんだい **4.** うんどう

C) 現金でもいいかな?

1. みきん **2.** おかね **3.** げんきん **4.** げんかね

D) ううん、野菜は好きじゃない

1. すいか **2.** やすい **3.** くだもの **4.** やさい

E) 動物もいますよ

1. どうもの **2.** うもの **3.** どうぶつ **4.** うごぶつ

F) チケットは無料です

1. むり **2.** むりょう **3.** むこう **4.** ゆうり

G) マリオさんは入院しました

1. にゅういん **2.** はいりん **3.** にゅうこく **4.** ないいん

Il segreto è trovarsi un amico di penna e chattare

Questo era l'ultimo. Buonanotte.

ESERCIZIO 13

Risolvi il cruciverba utilizzando solamente kanji. Panico.

1 喫	■	■	2		3 代
4	5	■	■	■	
6		■	7		■
■	■	8 病		■	9
10	名	■	■	11	
	■	12	業	■	■

ORIZZONTALI

2. bolletta della luce
4. tè + incontrarsi
6. commesso del negozio
7. にゅうがく
8. ospedale
10. ゆうめい
11. vestito in stile occidentale
12. そつぎょう

VERTICALI

1. きっさ てん
3. rappresentante
5. membro della riunione
7. にゅう いん
9. vestito in stile giapponese
10. a pagamento

Non ci credo, ce l'abbiamo fatta! Ci siamo allenati, abbiamo strizzato le meningi e ora siamo passati al livello due. Complimenti davvero. Non è mica da tutti!

SOLUZIONI AGLI ESERCIZI

LEZIONE 18
LA FORMA IN -MASU

ES. 7

1 出	2 ま	し	3 た		4 食
5 な	ち		り		べ
6 い	ま		7 る	8 す	な
	9 せ	10 ま		11 る	か
12 来	ん	え	13 行		っ
る			14 帰	っ	た

ESERCIZIO 1

A) 1 ② 3 4
B) 1 2 3 ④
C) 1 2 ③ 4
D) ① 2 3 4
E) 1 2 ③ 4
F) ① 2 3 4
G) 1 2 3 ④

Traduzioni
a) mangiare
b) inserire
c) guardare
d) riposarsi
e) prestare
f) sbrigarsi
g) giocare

ESERCIZIO 2

A) 1 2 3 ④
B) ① 2 3 4
C) 1 2 ③ 4
D) 1 ② 3 4
E) 1 2 3 ④
F) 1 ② 3 4
G) 1 2 ③ 4

Traduzioni
a) fare
b) ascoltare
c) tornare a casa
d) comprare
e) scrivere
f) incontrare
g) parlare

ESERCIZIO 3

A) 1 2 3 ④
B) ① 2 3 4
C) 1 ② 3 4
D) 1 2 3 ④
E) ① 2 3 4
F) 1 2 ③ 4
G) ① 2 3 4

Traduzioni
a) たべません
b) のみました
c) みませんでした
d) かえりました
e) かきません
f) つくりました
g) べんきょうしませんでした

ESERCIZIO 4

A) 1 ② 3 4
B) 1 2 3 ④
C) ① 2 3 4
D) 1 2 ③ 4
E) 1 ② 3 4
F) 1 2 3 ④
G) 1 ② 3 4

Traduzioni
a) はなしました
b) しにません
c) ねます
d) いそぎました
e) わかりませんでした
f) のりました
g) でます

ESERCIZIO 5

A) ① 2 3 4
B) 1 2 ③ 4
C) 1 2 3 ④
D) 1 ② 3 4
E) ① 2 3 4
F) 1 2 3 ④
G) 1 2 ③ 4

Traduzioni
a) quella pasta era molto buona
b) no, non mi piaceva per niente
c) ieri ho studiato fino a tardi
d) sì, apro la porta!
e) no, la birra non la bevo
f) quella persona è giapponese
g) dopo colazione mi lavo i denti

ESERCIZIO 6

A) 1 2 ③ 4
B) 1 2 3 ④
C) ① 2 3 4
D) 1 ② 3 4
E) 1 2 3 ④
F) ① 2 3 4
G) 1 2 ③ 4

Traduzioni
a) inserisco
b) ho dormito
c) capisco
d) non ho cantato
e) non ci vengo
f) ho bevuto
g) muoio

Che bello quando guardi un anime e cominci a capire...

Se ne hai azzeccate **il 60%**, sono soddisfatto.

LEZIONE 19
GLI AVVERBI

ES. 7

1 ゆ	っ	く	2 り	■	3 ま
ず	■	■	っ	■	ず
■	4 し	5 ひ	ぱ	6 お	い
■	7 ず	く	に	お	■
8 た	か	く	■	9 ぜ	ひ
■	に	■	10 い	い	■

ESERCIZIO 1

A) 1 2 3 ④
B) 1 ② 3 4
C) 1 2 ③ 4
D) 1 2 3 ④
E) 1 ② 3 4
F) 1 ② 3 4
G) 1 2 ③ 4

Traduzioni
a) lui cammina lentamente
b) lei è molto brava
c) il sushi mi piace un po'
d) lui ha già mangiato?
e) ci sono tante macchine
f) Takashi verrà sicuramente
g) io vado spesso al centro commerciale

ESERCIZIO 2

A) 1 2 3 ④
B) 1 ② 3 4
C) ① 2 3 4
D) 1 2 ③ 4
E) 1 2 3 ④
F) ① 2 3 4
G) 1 ② 3 4

Traduzioni
a) vieni assolutamente, eh!
b) no, non mi piace per niente
c) è abbastanza. Grazie mille
d) ci sono tanti giapponesi
e) è davvero bello
f) è diventato gentile
g) vacci velocemente

ESERCIZIO 3

A) 1 2 ③ 4
B) ① 2 3 4
C) 1 ② 3 4
D) 1 2 ③ 4
E) 1 2 3 ④
F) ① 2 3 4
G) 1 2 3 ④

Traduzioni
a) veloce
b) tranquillo
c) grande
d) energico
e) pazzesco
f) lento
g) bravo

ESERCIZIO 4

A) 1 2 3 ④
B) 1 2 ③ 4
C) ① 2 3 4
D) 1 ② 3 4
E) 1 2 3 ④
F) 1 2 ③ 4
G) ① 2 3 4

Traduzioni
a) in modo bello
b) in modo buono
c) in modo certo
d) in modo assoluto
e) in modo interessante
f) in modo semplice
g) in modo blu

ESERCIZIO 5

A) 1 ② 3 4
B) 1 2 3 ④
C) ① 2 3 4
D) 1 2 3 ④
E) ① 2 3 4
F) 1 2 3 ④
G) 1 2 ③ 4

Traduzioni
a) parlo solo un po'
b) l'hai già letto?
c) sì, lo faccio spesso
d) ho finito per scordarmene completamente
e) dillo lentamente, per favore
f) ho finito per mangiarne tanti
g) davanti al negozio ci sono tanti giapponesi

ESERCIZIO 6

A) 1 ② 3 4
B) 1 2 3 ④
C) ① 2 3 4
D) 1 2 3 ④
E) 1 ② 3 4
F) 1 ② 3 4
G) 1 2 ③ 4

Traduzioni
a) けっこう です
b) ぜんぜん よくないです
c) もう くじですよ
d) とても じょうずです
e) きっと はいります
f) ぜひ たべてくださいね
g) よく つかいます

LEZIONE 20
IL VERBO ESSERE

ES. 7

1だ	よ	■	2で	し	た
っ	■	3に	な	■	■
4た	5の	し	か	っ	6た
■	ん	■	っ	■	り
7だ	だ	■	た	■	な
ね	■	8で	は	な	い

ESERCIZIO 1

A) 1 2 ③ 4
B) ① 2 3 4
C) 1 2 3 ④
D) 1 ② 3 4
E) 1 2 3 ④
F) ① 2 3 4
G) 1 ② 3 4

Traduzioni

a) くるま だった
b) みず じゃない
c) つき でした
d) インドじん である
e) いぬ ではありませんでした
f) ほん だ
g) がっこう ではない

ESERCIZIO 2

A) 1 2 3 ④
B) 1 2 ③ 4
C) ① 2 3 4
D) 1 2 ③ 4
E) 1 2 3 ④
F) 1 ② 3 4
G) ① 2 3 4

Traduzioni

a) è una camicia, eh?
b) non è giapponese!
c) era solo caffè
d) non è buono
e) non era una stazione
f) è una mela, eh? (con il だ è più maschile, senza è femminile)
g) è il menù

ESERCIZIO 3

A) 1 ② 3 4
B) 1 2 3 ④
C) 1 ② 3 4
D) 1 2 ③ 4
E) ① 2 3 4
F) 1 2 3 ④
G) 1 2 3 ④

Traduzioni

a) いく しか ない
b) いって しまった
c) いく から
d) かう しか ありません
e) かってしまった から
f) かいません から
g) のんで しまいません

ESERCIZIO 4

A) 1 2 ③ 4
B) 1 ② 3 4
C) 1 ② 3 4
D) 1 2 3 ④
E) 1 2 ③ 4
F) 1 ② 3 4
G) 1 ② 3 4

Traduzioni

a) non sono soldi
b) è una montagna, eh?
c) era un insegnante
d) è un tavolo
e) ci sono andato io
f) non era il mare
g) non è un albero, eh?

ESERCIZIO 5

A) 1 ② 3 4
B) 1 2 3 ④
C) 1 2 ③ 4
D) ① 2 3 4
E) 1 ② 3 4
F) 1 2 3 ④
G) ① 2 3 4

Traduzioni

a) ...
b) ...
c) ...
d) ...
e) ...
f) ...
g) ...

ESERCIZIO 6

A) 1 2 ③ 4
B) ① 2 3 4
C) 1 2 3 ④
D) 1 ② 3 4
E) 1 ② 3 4
F) ① 2 3 4
G) 1 2 ③ 4

Traduzioni

a) なく しか ない
b) あか くない
c) ねこ じゃない
d) ねて しまった
e) がくせい でした
f) たのしかった
g) しずかだ から

LEZIONE 21
POSSO? DEVO?

ES. 7

1 ま	っ	2 て	■	■	だ
た	■	も	■	■	め
4 な	5 し	■	6 け	7 り	だ
8 い	な	け	れ	ば	■
9 と	い	■	10 ば	え	■
■	11 と	る	■	12 い	い

ESERCIZIO 1

A) 1 ② 3 4
B) 1 2 3 ④
C) 1 ② 3 4
D) 1 2 ③ 4
E) ① 2 3 4
F) 1 2 3 ④
G) 1 ② 3 4

Traduzioni

a) ...
b) ...
c) ...
d) ...
e) ...
f) ...
g) ...

ESERCIZIO 2

A) 1 ② 3 4
B) 1 2 3 ④
C) ① 2 3 4
D) 1 2 3 ④
E) ① 2 3 4
F) ① 2 3 4
G) 1 ② 3 4

Traduzioni

a) みないと
b) ...
c) かえって も
d) ...
e) ...
f) よまな ければ
g) ...

ESERCIZIO 3

A) ① 2 3 4
B) 1 ② 3 4
C) ① 2 3 4
D) 1 2 3 ④
E) 1 2 3 ④
F) 1 ② 3 4
G) ① 2 3 4

Traduzioni

a) きても いい
b) かっても いい
c) はなしても いい
d) ねても いい
e) しても いい
f) いれても いい
g) あっても いい

ESERCIZIO 4

A) 1 ② 3 4
B) ① 2 3 4
C) 1 2 3 ④
D) ① 2 3 4
E) 1 2 ③ 4
F) 1 2 ③ 4
G) ① 2 3 4

Traduzioni

a) かえらないとダメ
b) なかないとダメ
c) ...
d) はしらないとダメ
e) おかないとダメ
f) でなければいけない
g) つくらないと

ESERCIZIO 5

A) ① 2 3 4
B) 1 2 3 ④
C) ① 2 3 4
D) 1 ② 3 4
E) 1 2 3 ④
F) 1 2 ③ 4
G) 1 ② 3 4

Traduzioni

a) うりすぎる
b) おきすぎる
c) べんきょうしすぎる
d) いそぎすぎる
e) なりすぎる
f) いいすぎる
g) まちすぎる

ESERCIZIO 6

A) 1 2 3 ④
B) ① 2 3 4
C) 1 ② 3 4
D) 1 2 ③ 4
E) 1 2 3 ④
F) ① 2 3 4
G) 1 ② 3 4

Traduzioni

a) ...
b) ...
c) ...
d) ...
e) ...
f) ...
g) ...

Ho iniziato a imparare tante parole traducendo le canzoni...

LEZIONE 22
ALTRE PARTICELLE

ES. 7

1 か	り	2 な	■	■	3 し
ら	■	4 ど	り	5 と	ち
6 も	7 え	■	■	8 か	じ
■	9 な	10 ん	か	■	ご
11 ぐ	ら	い	■	12 え	ろ
13 ふ	た	り	と	も	■

ESERCIZIO 1

A) 1 2 3 ④
B) ① 2 3 4
C) 1 ② 3 4
D) 1 2 3 ④
E) ① 2 3 4
F) 1 ② 3 4
G) 1 2 ③ 4

Traduzioni

a) ...
b) ...
c) ...
d) ...
e) ...
f) ...
g) ...

ESERCIZIO 2

A) ① 2 3 4
B) 1 2 ③ 4
C) 1 ② 3 4
D) 1 2 3 ④
E) 1 2 ③ 4
F) ① 2 3 4
G) 1 2 ③ 4

Traduzioni

a) ...
b) ...
c) ...
d) ...
e) ...
f) ...
g) ...

ESERCIZIO 3

A) 1 2 ③ 4
B) 1 2 3 ④
C) ① 2 3 4
D) 1 ② 3 4
E) 1 2 3 ④
F) ① 2 3 4
G) 1 2 ③ 4

Traduzioni

a) sì, ahh i soldi... che belli
b) ehi, tipo a gennaio sarà ok?
c) ieri mi sono svegliato verso le otto
d) in realtà non ho mangiato nient'altro che sashimi
e) tu hai bevuto solo questo?
f) alla festa eravamo circa tre
g) sì, andrò in viaggio proprio domani!

ESERCIZIO 4

A) ① 2 3 4
B) 1 2 3 ④
C) 1 ② 3 4
D) 1 2 3 ④
E) 1 ② 3 4
F) 1 ② 3 4
G) ① 2 3 4

Traduzioni

a) じょうず だし
b) いぬ や ねこ など
c) のんだ ことが ない
d) さんさつ とも
e) みた ことが ない?
f) にじゅうユーロぐらい
g) くじ はん ごろ

ESERCIZIO 5

A) 1 2 3 ④
B) 1 2 ③ 4
C) 1 2 ③ 4
D) ① 2 3 4
E) 1 ② 3 4
F) ① 2 3 4
G) 1 2 3 ④

Traduzioni

a) わたし にも
b) かみ だけ で
c) ...
d) ...
e) マリオ へ の ほん
f) ...
g) ...

ESERCIZIO 6

A) ① 2 3 4
B) 1 2 ③ 4
C) 1 2 3 ④
D) ① 2 3 4
E) ① 2 3 4
F) 1 2 ③ 4
G) ① 2 3 4

Traduzioni

a) anche in Giappone ci sono già stato
b) mi sono scordato il regalo per Takashi
c) va bene anche con la carta?
d) qui ci sono solo giapponesi
e) domani incontriamoci verso le sette, eh!
f) tutti e tre, sono miei
g) perché non hai mangiato nient'altro che il tempura?

LEZIONE 23
LE INFO EXTRA

ES. 7

1 私	に	く	2 れ	3 た	4 本
が	■	■	5 の	こ	が
6 出	7 る	の	は	■	い
8 た	な	■	な	■	い
電	■	9 し	■	10 開	店
11 車	が	な	い	街	は

ESERCIZIO 1
A) 1 (2) 3 4
B) (1) 2 3 4
C) 1 2 3 (4)
D) 1 (2) 3 4
E) 1 2 3 (4)
F) 1 2 3 (4)
G) 1 (2) 3 4

Traduzioni
a) たべた さかな
b) いた へや
c) かう ほん
*d) りんごは うらない**
e) すんでいる いえ
f) しんだ ねこ
g) みる テレビ

**la d) <u>non</u> è relativa!*

ESERCIZIO 2
A) 1 (2) 3 4
B) 1 2 (3) 4
C) 1 (2) 3 4
D) 1 2 3 (4)
E) 1 (2) 3 4
F) 1 2 3 (4)
G) 1 (2) 3 4

Traduzioni
a) にほん に いる ひと
b) きのう よんだ ほん
c) きみ と たべた にく
d) あした かいたい でんわ
e) ここへ はしっている ねこ
f) まいにち はたらいている かいしゃ
g) マリオが のった でんしゃ

ESERCIZIO 3
A) 1 2 3 (4)
B) 1 2 (3) 4
C) (1) 2 3 4
D) 1 2 3 (4)
E) 1 2 (3) 4
F) (1) 2 3 4
G) 1 (2) 3 4

a) il sushi che ho mangiato in Giappone era molto buono
b) il libro da leggere è questo
c) il gatto che sta mangiando il pesce è il gatto di Naomi?
d) il regalo che vorrei ricevere al compleanno è un po' caro, eh
e) io sono una persona che sta studiando il giapponese
f) no, non conosco persone che non sono mai state in Giappone
g) ehi, non è buona neanche la torta che ha fatto la mamma?

ESERCIZIO 4
A) 1 2 (3) 4
B) (1) 2 3 4
C) 1 2 3 (4)
D) (1) 2 3 4
E) 1 2 (3) 4
F) 1 2 3 (4)
G) 1 2 (3) 4

a) gli animali che non sono gatti non mi piacciono
b) la medicina che ho in tasca l'ho ricevuta dal medico
c) lui è una persona che beve solo acqua
d) il biglietto del treno che va a Milano quanto costa?
e) faccio una passeggiata nelle giornate con un bel tempo
f) ieri sono andato nell'azienda in cui lavora Mario
g) lui non compra le mele che vendono in quel negozio

ESERCIZIO 5
A) (1) 2 3 4
B) 1 2 3 (4)
C) 1 2 3 (4)
D) 1 (2) 3 4
E) 1 2 (3) 4
F) 1 2 3 (4)
G) (1) 2 3 4

Traduzioni
a) でんしゃに のる まえに
b) ...
c) かきすぎた
d) すこし ねた あとで
e) およいで しまった
f) ぱんを たべた あとで
g) ほんを よむ まえに

ESERCIZIO 6
A) (1) 2 3 4
B) 1 2 3 (4)
C) 1 (2) 3 4
D) (1) 2 3 4
E) 1 2 (3) 4
F) 1 (2) 3 4
G) 1 2 3 (4)

a) ho visto un film che non avevo mai visto
b) il libro che leggo prima di dormire non è interessante
c) anche io ho letto il manga che ha comprato il mio amico
d) il fatto che Naomi sia tornata in Giappone, non è vero
e) anche la città dove abito io è bella
f) l'azienda in cui lavora Mario come si chiama?
g) il bus che va a Milano dov'è?

LEZIONE 24
I SUFFISSI ONORIFICI

ES. 7

1 い	2 く	3 よ	■	4 ど	の
■	5 ん	が	6 と	う	■
7 せ	■	8 せ	ん	せ	9 い
10 ん	11 な	い	■	■	え
12 ぱ	ぱ	■	13 さ	ん	■
14 い	え	る	ま	■	■

ESERCIZIO 1

A) 1 ② 3 4
B) 1 2 3 ④
C) 1 2 3 ④
D) ① 2 3 4
E) 1 2 ③ 4
F) 1 2 3 ④
G) 1 ② 3 4

Traduzioni

a) ...
b) ...
c) ...
d) ...
e) ...
f) ...
g) ...

ESERCIZIO 2

A) 1 2 3 ④
B) 1 ② 3 4
C) ① 2 3 4
D) ① 2 3 4
E) 1 2 3 ④
F) ① 2 3 4
G) 1 ② 3 4

Traduzioni

a) cenere
b) insegnante
c) suffisso per clienti
d) programma tv
e) suffisso da giornalisti
f) piatto
g) senpai

ESERCIZIO 3

A) 1 2 3 ④
B) 1 2 ③ 4
C) ① 2 3 4
D) 1 2 3 ④
E) ① 2 3 4
F) 1 2 3 ④
G) 1 2 3 ④

Traduzioni

a) ho sentito il fatto che Kaori-chan è in Giappone
b) Anche Mario-kun sta bene?
c) il signor cliente ha finito per tornare a casa
d) è andata anche la mia cara amica Francesca-chan
e) la cosa che ha Mario-senpai che cos'è?
f) andiamo a casa di Takashi-san!
g) Tanaka-kun è più bravo

ESERCIZIO 4

A) 1 2 ③ 4
B) ① 2 3 4
C) 1 ② 3 4
D) 1 2 3 ④
E) 1 ② 3 4
F) 1 2 3 ④
G) 1 2 ③ 4

Traduzioni

a) ...
b) ...
c) ...
d) ...
e) ...
f) ...
g) ...

ESERCIZIO 5

A) 1 ② 3 4
B) 1 2 3 ④
C) ① 2 3 4
D) 1 2 ③ 4
E) 1 ② 3 4
F) ① 2 3 4
G) ① 2 3 4

Traduzioni

a) è pericoloso! Non andare fuori, eh!
b) sì, gira a destra, eh
c) ragazzi, andiamo avanti!
d) cosa c'è sotto la sedia?
e) lui è dentro la stanza
f) con la mano sinistra non riesco
g) il telefono l'ho messo sopra il tavolo

ESERCIZIO 6

A) 1 ② 3 4
B) 1 2 ③ 4
C) 1 2 3 ④
D) 1 2 3 ④
E) ① 2 3 4
F) ① 2 3 4
G) ① 2 3 4

Traduzioni

a) Mario-kun non c'è?
b) signor cliente, prego!
c) Naomi-chan, perché stai piangendo?
d) ragazzi, laviamo i piatti tutti insieme!
e) Takashi san ha detto che studia
f) ho finito per mangiare la torta di Tanaka-kun
g) anche Yamada-senpai è qui?

LEZIONE 25
BUM, MIAO, SPLASH

ES. 7

■	1 ま	2 ど	■	3 あ	4 い
5 じ	え	き	6 ぺ	■	ら
っ	■	■	7 ら	え	い
8 と	9 か	■	■	■	ら
■	10 わ	11 く	12 わ	13 く	■
■	■	14 か	ら	か	ら

ESERCIZIO 1

A) 1 2 ③ 4
B) ① 2 3 4
C) 1 2 ③ 4
D) 1 2 ③ 4
E) ① 2 3 4
F) 1 2 3 ④
G) ① 2 3 4

Traduzioni

a) ...
b) ...
c) ...
d) ...
e) ...
f) ...
g) ...

ESERCIZIO 2

A) 1 2 ③ 4
B) 1 2 3 ④
C) ① 2 3 4
D) 1 2 ③ 4
E) 1 ② 3 4
F) 1 2 ③ 4
G) ① 2 3 4

Traduzioni

a) ...
b) ...
c) ...
d) ...
e) ...
f) ...
g) ...

ESERCIZIO 3

A) 1 2 3 ④
B) ① 2 3 4
C) ① 2 3 4
D) 1 2 ③ 4
E) 1 ② 3 4
F) 1 2 ③ 4
G) 1 2 ③ 4

Traduzioni

a) l'anno scorso quella persona è diventata un avvocato
b) sì, penso che sia molto bello
c) il cielo è diventato blu
d) la torta che ha fatto la mamma è bella, eh?
e) ieri è arrivato un francese nevrotico
f) dato che non c'è nessuno, il treno è diventato silenzioso
g) penso che sia lei la più brava

ESERCIZIO 4

A) ① 2 3 4
B) 1 ② 3 4
C) 1 ② 3 4
D) 1 2 ③ 4
E) 1 2 ③ 4
F) 1 2 3 ④
G) ① 2 3 4

Traduzioni

a) ...
b) ...
c) ...
d) ...
e) ...
f) ...
g) ...

ESERCIZIO 5

A) ① 2 3 4
B) 1 2 3 ④
C) ① 2 3 4
D) 1 2 3 ④
E) ① 2 3 4
F) 1 2 ③ 4
G) 1 ② 3 4

Traduzioni

a) piangere silenziosamente
b) guardare fisso
c) girare in tondo
d) sorprendersi
e) emozionarsi
f) parlare fluentemente
g) essere soffice

ESERCIZIO 6

A) 1 2 3 ④
B) 1 2 3 ④
C) 1 ② 3 4
D) 1 ② 3 4
E) ① 2 3 4
F) 1 ② 3 4
G) 1 2 ③ 4

Traduzioni

a) avvocato
b) esplosione
c) ospedale
d) terzo piano
e) amico
f) giravolta
g) sushi

Io ho iniziato a imparare giapponese a 11 anni e ho studenti di 60 anni. L'età non è mai un problema.

LEZIONE 26
VARI USI DELA F. IN -TE

ES. 7

1て	2い	3る	■	4み	み
5み	え	て	6か	ら	■
る	■	■	7い	い	8の
■	9い	っ	て	■	ん
10き	る	■	11お	12ちゃ	で
13の	ま	な	く	て	も

ESERCIZIO 1

A) 1 ② 3 4
B) 1 2 3 ④
C) ① 2 3 4
D) 1 2 ③ 4
E) 1 ② 3 4
F) 1 2 3 ④
G) ① 2 3 4

Traduzioni

a) nuotare
b) aprire l'ombrello
c) rubare
d) fare
e) piangere
f) sapere
g) avere

ESERCIZIO 2

A) ① 2 3 4
B) 1 2 ③ 4
C) 1 ② 3 4
D) ① 2 3 4
E) 1 2 3 ④
F) 1 2 ③ 4
G) 1 ② 3 4

Traduzioni

a) ...
b) ...
c) ...
d) ...
e) ...
f) ...
g) ...

ESERCIZIO 3

A) 1 2 3 ④
B) 1 ② 3 4
C) ① 2 3 4
D) 1 2 ③ 4
E) 1 2 ③ 4
F) 1 ② 3 4
G) 1 2 ③ 4

Traduzioni

a) la luce è accesa
b) Mario è sposato con lei
c) dato che ho un esame, studio (che mi servirà)
d) dopo essermi lavato i denti, leggo il giornale
e) la porta è aperta
f) davvero non c'è bisogno di farlo?
g) il dizionario te lo metto sopra il tavolo (che servirà)

ESERCIZIO 4

A) ① 2 3 4
B) 1 2 ③ 4
C) 1 ② 3 4
D) 1 ② 3 4
E) ① 2 3 4
F) 1 2 ③ 4
G) ① 2 3 4

Traduzioni

a) まいばん
b) まいあさ
c) まいつき
d) まいばん
e) まいにち
f) まいしゅう
g) まいとし

ESERCIZIO 5

A) 1 2 ③ 4
B) 1 2 ③ 4
C) 1 2 ③ 4
D) ① 2 3 4
E) 1 2 3 ④
F) ① 2 3 4
G) 1 ② 3 4

Traduzioni

a) にほんじん でも
b) かいて みた
c) つくって ある
d) ...
e) きてから
f) のんで おこう
g) ...

ESERCIZIO 6

A) 1 2 3 ④
B) 1 2 ③ 4
C) 1 ② 3 4
D) 1 2 ③ 4
E) ① 2 3 4
F) 1 2 3 ④
G) ① 2 3 4

Traduzioni

a) da quando sei sposato?
b) c'è scritto un katakana che non conosco
c) lui è bravo a cantare e gli piace il karaoke
d) dopo aver studiato vado a Milano
e) la persona che è finita per scappare chi era?
f) prima dell'esame, studiamo (che ci servirà)!
g) questo non c'è bisogno di mangiarlo, vero?

LEZIONE 27
CONTARE LE COSE

ES. 7

1 ふ	■	2 に	じゅ	3 う	4 ご
た	■	ん	■	5 え	ま
6 つ	7 り	■	8 に	だ	い
■	9 ひ	と	り	■	■
10 ひ	び	■	え	■	11 か
き	■	12 こ	こ	の	つ

ESERCIZIO 1

A) 1 2 ③ 4
B) 1 ② 3 4
C) 1 2 ③ 4
D) ① 2 3 4
E) ① 2 3 4
F) 1 2 3 ④
G) 1 2 ③ 4

Traduzioni
a) 人
b) 枚
c) 冊
d) 匹
e) 度
f) 台
g) 本

ESERCIZIO 2

A) 1 2 3 ④
B) 1 ② 3 4
C) 1 2 3 ④
D) ① 2 3 4
E) 1 ② 3 4
F) 1 2 ③ 4
G) 1 2 ③ 4

Traduzioni
a) 4 persone
b) 6 cose piatte
c) 8 cose generiche
d) 1 cosa rilegata
e) 2 persone
f) 3 cose lunghe
g) 3 animali piccoli

ESERCIZIO 3

A) ① 2 3 4
B) 1 2 ③ 4
C) 1 2 3 ④
D) ① 2 3 4
E) 1 2 3 ④
F) 1 ② 3 4
G) 1 2 3 ④

Traduzioni
a) ieri ho mangiato 3 nigiri
b) di giapponesi quanti ce ne sono?
c) ho visto 5 gatti
d) 2 libri di ricette, per favore
e) quanti computer hai?
f) sopra il tavolo c'è una bottiglia
g) 5 buste, per favore

ESERCIZIO 4

A) 1 2 3 ④
B) 1 ② 3 4
C) ① 2 3 4
D) 1 2 ③ 4
E) 1 2 3 ④
F) 1 2 ③ 4
G) ① 2 3 4

Traduzioni
a) いっては だめ
b) もう いちど
c) のんでは いけない
d) ごひき
e) よんかい まで
f) みた のは
g) いくつ?

ESERCIZIO 5

A) 1 2 3 ④
B) ① 2 3 4
C) 1 2 ③ 4
D) ① 2 3 4
E) 1 2 ③ 4
F) 1 2 3 ④
G) 1 ② 3 4

Traduzioni
a) 15 cose piatte
b) 50 persone
c) 20 gradi
d) 11 cose lunghe
e) 3 cose generiche
f) quanti macchinari?
g) 8 cose tonde

ESERCIZIO 6

A) ① 2 3 4
B) 1 2 ③ 4
C) 1 2 ③ 4
D) ① 2 3 4
E) 1 ② 3 4
F) 1 2 3 ④
G) 1 2 ③ 4

Traduzioni
a) stamattina mi sono svegliato alle 7
b) ieri ho comprato 3 mandarini
c) ho finito per bere 10 birre
d) c'è solo 1 giapponese
e) sì, ci vediamo il 5, eh!
f) i 6 gatti sono laggiù
g) davvero ci sono solo 21°?

Abbiamo che le traduzioni.
Una meraviglia.

LEZIONE 28
LA FAMIGLIA

ES. 7

1 む	ま		2 あ	ね	
す		3 か	に		4 お
5 こ	ね	ぞ			と
さ		6 く	7 は	ゆ	う
8 ん	9 ね		は		さ
	10 つ	ま		11 せ	ん

ESERCIZIO 1

A) 1 ② 3 4
B) 1 ② 3 4
C) 1 2 3 ④
D) 1 2 3 ④
E) ① 2 3 4
F) 1 2 3 ④
G) 1 ② 3 4

Traduzioni

a) 母
b) 祖母
c) おじ
d) 息子
e) 兄
f) 妻
g) 娘

ESERCIZIO 2

A) 1 2 3 ④
B) 1 2 3 ④
C) 1 ② 3 4
D) ① 2 3 4
E) 1 ② 3 4
F) 1 2 3 ④
G) 1 ② 3 4

Traduzioni

a) おじいさんが電話をくれた
b) 奥さんに花をあげた
c) お名前を書いてくれない?
d) お名前を書いてあげない
e) おばさんに教えてもらいました
f) あなたに作ってあげました
g) お名前を書いてくれませんか?

ESERCIZIO 3

A) 1 2 ③ 4
B) ① 2 3 4
C) 1 ② 3 4
D) 1 2 ③ 4
E) 1 ② 3 4
F) 1 2 3 ④
G) 1 2 3 ④

Traduzioni

a) la sorella di mamma è mia zia
b) il fratello di papà è mio zio
c) la mamma di mamma è mia nonna
d) la figlia di papà sono io
e) il marito di nonna è mio nonno
f) la figlia di papà è mia sorella
g) la mamma di papà è mia nonna

ESERCIZIO 4

A) 1 2 ③ 4
B) ① 2 3 4
C) 1 ② 3 4
D) 1 2 ③ 4
E) ① 2 3 4
F) 1 2 ③ 4
G) 1 2 ③ 4

Traduzioni

a) ...
b) ...
c) ...
d) ...
e) ...
f) ...
g) ...

Guarda che anche io ho fatto una fatica boia: è normale, ci passiamo tutti.

ESERCIZIO 5

A) ① 2 3 4
B) 1 2 3 ④
C) 1 2 ③ 4
D) ① 2 3 4
E) 1 2 3 ④
F) ① 2 3 4
G) 1 2 3 ④

Traduzioni

a) nonna
b) papà
c) mamma
d) figlio
e) fratello maggiore
f) marito
g) figlia

ESERCIZIO 6

A) 1 ② 3 4
B) 1 2 ③ 4
C) 1 2 3 ④
D) 1 2 3 ④
E) 1 ② 3 4
F) 1 2 3 ④
G) 1 ② 3 4

Traduzioni

a) papà ha preso il raffreddore
b) io so suonare la chitarra
c) tua moglie mi ha insegnato l'italiano
d) ieri ho fatto cose come leggere, nuotare...
e) ho ricevuto l'insegnamento dell'italiano da tua moglie
f) al tuo compleanno che cosa hai ricevuto?
g) nei giorni di riposo faccio cose come passeggiare, studiare...

LEZIONE 29
IO VOGLIO

ES. 7

1 ほ	2 し	3 か	っ	4 た	■
5 し	た	い	■	6 べ	7 の
8 く	れ	た	9 り	■	み
な	■	10 く	ち	■	た
11 い	12 い	な	■	13 れ	い
■	14 い	い	た	い	■

ESERCIZIO 1
A) ① 2 3 4
B) 1 2 3 ④
C) 1 ② 3 4
D) 1 2 3 ④
E) 1 ② 3 4
F) ① 2 3 4
G) 1 ② 3 4

Traduzioni
a) voglio bere
b) voglio dormire
c) voglio parlare
d) voglio fare
e) voglio tornare
f) voglio imparare
g) voglio venire

ESERCIZIO 2
A) 1 2 3 ④
B) ① 2 3 4
C) 1 2 ③ 4
D) 1 ② 3 4
E) 1 2 3 ④
F) 1 2 ③ 4
G) 1 ② 3 4

Traduzioni
a) 行きたかった
b) 欲しくない
c) 走りたい
d) 言いたくなかった
e) 座りたい
f) 書きたくない
g) 欲しかった

ESERCIZIO 3
A) 1 2 3 ④
B) ① 2 3 4
C) 1 2 3 ④
D) 1 ② 3 4
E) 1 2 ③ 4
F) 1 2 ③ 4
G) 1 2 3 ④

Traduzioni
a) questo è il ristorante più economico
b) vorrei che preparassi il sushi
c) quel libro non voglio leggerlo
d) cos'hai intenzione di fare?
e) cosa ti piace di più?
f) l'anno prossimo ho intenzione di andare in Italia
g) vorrei che venissi qui

ESERCIZIO 4
A) 1 2 ③ 4
B) ① 2 3 4
C) 1 ② 3 4
D) 1 2 3 ④
E) ① 2 3 4
F) 1 2 ③ 4
G) ① 2 3 4

Traduzioni
a) lui è il più bravo
b) penso di voler andare in Giappone
c) no, non voglio dormire!
d) vorrei che non dicessi niente
e) volevo tornare alle 8
f) vorrei che studiassi anche il giapponese
g) riguardo me, è un cane ciò che voglio allevare di più

ESERCIZIO 5
A) 1 2 ③ 4
B) 1 2 3 ④
C) ① 2 3 4
D) 1 2 ③ 4
E) 1 2 ③ 4
F) 1 2 ③ 4
G) 1 ② 3 4

Traduzioni
a) パーティに 行きたくなかった
b) みんなに 言う つもりです
c) 英語が ちょっと下手
d) あの映画は 見たくない
e) 料理の本だけ 欲しかった
f) 買わない つもり?
g) 君にも ここに来て欲しい

ESERCIZIO 6
A) 1 ② 3 4
B) 1 2 ③ 4
C) ① 2 3 4
D) 1 2 ③ 4
E) ① 2 3 4
F) 1 2 3 ④
G) 1 ② 3 4

Traduzioni
a) non voglio tornare a quest'ora!
b) voglio una nuova auto
c) l'anno scorso il giapponese non volevo studiarlo
d) vorrei che mi stessi ad aspettare qui
e) tra questi, questo è il più buono
f) dove hai intenzione di andare?
g) quello blu non lo voglio

LEZIONE 30
LE PAROLACCE

ES. 7

■	1 き	■	2 き	3 さ	ま
4 ば	の	■	5 よ	え	■
か	■	6 え	り	■	7 し
8 や	ば	い	■	9 う	ま
ろ	■	10 ま	11 く	■	っ
12 う	し	■	13 そ	え	た

ESERCIZIO 1

A) 1 2 3 ④
B) ① 2 3 4
C) 1 2 3 ④
D) 1 ② 3 4
E) 1 2 ③ 4
F) 1 ② 3 4
G) ① 2 3 4

Traduzioni

a) porca miseria
b) ehi!
*c) t*tte*
d) maledizione
e) cavoli
*f) testa di minc*hia*
g) idiota

ESERCIZIO 2

A) 1 2 ③ 4
B) 1 2 ③ 4
C) 1 2 ③ 4
D) ① 2 3 4
E) 1 2 ③ 4
F) 1 2 ③ 4
G) ① 2 3 4

Traduzioni

a) ...
b) ...
c) ...
d) ...
e) ...
f) ...
g) ...

ESERCIZIO 3

A) 1 ② 3 4
B) 1 2 3 ④
C) 1 ② 3 4
D) 1 2 ③ 4
E) 1 2 ③ 4
F) 1 2 ③ 4
G) 1 ② 3 4

Traduzioni

a) porca miseria
*b) s*ronzo*
c) maledizione
d) ehi!
e) racchia
f) sei scemo?
g) cavoli

ESERCIZIO 4

A) 1 2 3 ④
B) ① 2 3 4
C) 1 2 3 ④
D) ① 2 3 4
E) 1 ② 3 4
F) 1 2 ③ 4
G) 1 ② 3 4

Traduzioni

a) ...
b) かいに いった
c) まって ほしい
d) よんだり かいたり する
e) かいては ダメ
f) けっこん してから
g) つくりに いきたくない

ESERCIZIO 5

A) ① 2 3 4
B) 1 2 ③ 4
C) 1 2 ③ 4
D) 1 ② 3 4
E) 1 2 ③ 4
F) 1 2 3 ④
G) 1 2 ③ 4

Traduzioni

a) ho paura
b) lo faccio!
c) facciamolo!
d) quello
e) disgustoso
f) mucca
g) cuore

ESERCIZIO 6

A) 1 2 3 ④
B) 1 ② 3 4
C) 1 2 3 ④
D) ① 2 3 4
E) ① 2 3 4
F) ① 2 3 4
G) 1 2 ③ 4

Traduzioni

a) Roma è più grande di Milano
b) nel pomeriggio vado a bere una birra con gli amici
c) cosa sei venuto a fare?
d) sei tu ad essere più bravo di lui!
e) ehi, ma che stai facendo!?
f) per favore vieni a trovarmi, eh!
g) il biglietto, sarebbe meglio se fosse economico

ALLENAMENTO SOLO KANJI

ESERCIZIO 1

A)	①	2	3	4
B)	1	2	3	④
C)	1	2	③	4
D)	①	2	3	4
E)	1	2	③	4
F)	①	2	3	4
G)	1	②	3	4

Traduzioni
a) lavoro
b) non
c) mille
d) mezzogiorno
e) in anticipo
f) trasformarsi
g) principale

ESERCIZIO 2

A)	1	2	3	④
B)	1	②	3	4
C)	1	②	3	4
D)	①	2	3	4
E)	①	2	3	4
F)	1	2	3	④
G)	1	②	3	4

Traduzioni
a) ampio
b) cambiare
c) riflettersi
d) essere colpito
e) dirigersi
f) per la prima volta
g) decidere

ESERCIZIO 3

A)	1	②	3	4
B)	1	2	3	④
C)	①	2	3	4
D)	1	2	③	4
E)	1	2	3	④
F)	1	2	③	4
G)	1	2	3	④

Traduzioni
a) cosa
b) luminoso
c) persona
d) Inghilterra
e) sapore
f) stile giapponese
g) fissare

ESERCIZIO 4

A)	①	2	3	4
B)	1	②	3	4
C)	1	2	3	④
D)	①	2	3	4
E)	1	②	3	4
F)	1	2	3	④
G)	1	2	③	4

Traduzioni
a) giurisprudenza
b) uomo
c) pronuncia
d) treno espresso
e) edificio
f) tetto
g) aula

ESERCIZIO 5

A)	①	2	3	4
B)	1	②	3	4
C)	1	2	③	4
D)	①	2	3	4
E)	1	②	3	4
F)	1	2	3	④
G)	1	2	③	4

Traduzioni
a) marrone
b) pasto (riso)
c) necessità
d) commesso
e) fotografia
f) viaggio
g) ritorno in patria

ESERCIZIO 6

A)	1	②	3	4
B)	1	2	3	④
C)	1	②	3	4
D)	1	2	3	④
E)	①	2	3	4
F)	1	2	③	4
G)	1	2	③	4

Traduzioni
a) ベン
b) リ
c) ドウ
d) シュウ
e) ゲン
f) ブ
g) ジョウ

ESERCIZIO 7

A)	1	②	3	4
B)	1	②	3	4
C)	1	②	3	4
D)	1	2	3	④
E)	1	2	③	4
F)	1	②	3	4
G)	1	2	③	4

Traduzioni
a) rispondi alla domanda
b) salgo all'inizio (per primo)
c) l'anno scorso mi sono diplomato
d) fai attenzione, eh!
e) mi piace molto la matematica
f) questo non c'entra niente, no? (non ha relazione, no?)
g) provo a informarmi su internet

Babba bia che fatica a ricordare tutte ste letture...

ESERCIZIO 8

A)	1	②	3	4
B)	1	2	3	④
C)	1	②	3	4
D)	1	2	3	④
E)	①	2	3	4
F)	1	2	③	4
G)	1	2	③	4

Traduzioni
a) scegliere
b) genitore
c) tutto
d) economico
e) proseguire
f) rosso
g) sapore

ESERCIZIO 9

A)	1	②	3	4
B)	1	2	3	④
C)	1	2	③	4
D)	①	2	3	4
E)	1	2	③	4
F)	1	2	③	4
G)	①	2	3	4

Traduzioni
a) forte
b) colpire
c) domanda
d) apparire
e) cattivo
f) affare
g) imparare

ESERCIZIO 10

A)	①	2	3	4
B)	1	2	③	4
C)	1	2	③	4
D)	1	2	③	4
E)	①	2	3	4
F)	1	2	3	④
G)	1	②	3	4

Traduzioni
a) il posto d'incontro dov'è?
b) esce la bibita
c) ora ci sono le previsioni del tempo
d) questo kanji è un po' difficile, eh?
e) voglio sentire anche la tua opinione
f) le chiamate internazionali si possono fare?
g) sì, si può entrare anche nel museo di belle arti

ESERCIZIO 11

A)	1	2	③	4
B)	1	2	③	4
C)	①	2	3	4
D)	1	②	3	4
E)	1	2	3	④
F)	1	②	3	4
G)	1	2	③	4

Traduzioni
a) che bella esperienza
b) di problemi non ce ne sono
c) la conferenza chissà a che ora sarà
d) lui i genitori non ce li ha
e) no, non riesco a comprendere!
f) la scadenza è a luglio, vero?
g) sì, ultimamente sono diventati numerosi, eh

ESERCIZIO 12

A)	①	2	3	4
B)	①	2	3	4
C)	1	2	③	4
D)	1	2	3	④
E)	1	2	③	4
F)	1	②	3	4
G)	①	2	3	4

Traduzioni
a) Milano non è la capitale!
b) facciamo un po' di allenamento!
c) chissà se va bene anche in contanti
d) no, le verdure non mi piacciono
e) ci sono anche gli animali!
f) il biglietto è gratis
g) Mario è stato ricoverato

ESERCIZIO 13

1 喫	■	■	2 電	気	3 代
4 茶	5 会	■	■	■	表
6 店	員	■	7 入	学	■
■	■	8 病	院	■	9 和
10 有	名	■	■	11 洋	服
料	■	12 卒	業	■	■

Fine. The End.
Andate in pace.

RINGRAZIAMENTI

Weilà, ce l'abbiamo fatta! Siamo ufficialmente arrivati alla fine di questo **ESERCIZIARIO 2**. Mi-ti-co. Un paio di ringraziamenti e ti lascio andare.

Innanzitutto ringrazio la mia compagna **Debora**, perché senza i suoi consigli e i suoi colpi di genio l'ecosistema di TVDG non sarebbe com'è (ovvero incredibbbbbbbile).

Un grazie al mitico **Fabrizio**, che con la sua saggezza e la sua competenza contribuisce ogni giorno a rendere TVDG l'ecosistema numero uno in Italia per imparare il giapponese. Baci e abbracci.

Un grazie anche ad **Ai**, che dietro le quinte è sempre pronta ad analizzare le parti in giapponese di tutti i prodotti TVDG. Thank you, mercì, obrigado.

E ovviamente grazie mille anche a **te**. Tu che hai scelto TVDG come supporto per affrontare questa avventura meravigliosa che è la lingua giapponese.

Ci sentiamo nei commenti sotto ai video in attesa dei prossimi aggiornamenti! Alla presto!

Davide

Lightning Source UK Ltd.
Milton Keynes UK
UKHW020721071221
395243UK00008B/281

9 781006 368783